SAINT-PÉTERSBOURG AU-DELÀ DES FAÇADES

18 RENCONTRES DANS LES COURS INTÉRIEURES

COLLECTION MONDE / PHOTOGRAPHIE

Direction artistique : Kamy Pakdel

Conception graphique : Philippe Dabasse

SAINT-PÉTERSBOURG AU-DELÀ DES FAÇADES

18 RENCONTRES DANS LES COURS INTÉRIEURES

Alexandra Kaourova et Eugène

Photographies : Alexandre Lyashko

Traduction des interviews : Alexandra Kaourova

Monde / Photographie - Éditions Autrement

À Galina, qui aurait pu être
un des personnages de ce livre

SOMMAIRE

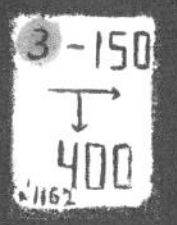

AVANT-PROPOS

Habiter à Saint-Pétersbourg aujourd'hui, qu'est-ce que cela signifie ? Marcher sur des avenues rectilignes construites dans un esprit utopique et rationaliste ; traverser d'innombrables ponts ; résister à la force du vent de la mer Baltique ; se chauffer avec du thé dans des bistrots situés en sous-sol. Et encore : vivre entouré de luxueux palais classés au patrimoine mondial de l'UNESCO, tandis qu'une colline de poubelles obstrue l'entrée de votre immeuble ; avoir pitié des animaux sans abri exposés dans les sous-voies et s'étonner que les panneaux de signalisation du centre soient sponsorisés par Coca-Cola ou Lufthansa. Traverser le réseau des cours intérieures pour aller chez des amis. Peut-être loger dans une HLM en banlieue et s'engouffrer tous les matins dans l'abîme du métro. Rénover son appartement dans le style "euro standard", un nouveau mot à la mode. Rencontrer des étrangers émerveillés par cette ville-musée ou exaspérés par l'alphabet cyrillique. Avoir une grand-mère qui a vécu le blocus de Leningrad. Et bien sûr, manger des glaces en hiver...

Nous avons décidé de rencontrer les Pétersbourgeois dans leur quotidien. C'est-à-dire aller au-delà des façades néoclassiques pour voir ce qui s'y passe. Évidemment, nous ne pouvions pas interroger les cinq millions d'habitants. Voici donc dix-huit portraits choisis par hasard, par amitié et par recommandation. Leurs façons de vivre nous ont impressionnés par la multitude d'intérêts, de passions ou d'activités. Cette vie à plusieurs facettes nous paraît la caractéristique principale des Pétersbourgeois d'aujourd'hui. Une balayeuse est en même temps comédienne et le film dans lequel elle joue se retrouve en compétition à Cannes en 2001 ; un vieux gardien de vestiaire conçoit les plans d'une lampe révolutionnaire ; un ancien professeur de musique devient prêtre.

< *Le dompteur de chevaux,* de Pierre Klodt, sur le pont Anitchkov

Depuis dix ans, les changements se sont succédé à un rythme accéléré en Russie. Chute de l'empire soviétique, économie de marché, apparition des oligarques pillant littéralement l'État, effondrement complet du nouveau système économique, deux guerres en Tchétchénie, succession de dirigeants politiques aussi indécis qu'autoritaires et enfin projet de rejoindre l'OMC d'ici à 2004. Cette situation implique de grands bouleversements dans le quotidien des Russes. On change de métier fréquemment, mais on tient à donner un sens à sa vie. Le système D est devenu la seule planche de salut pour les trois quarts de la population. Saint-Pétersbourg est également en train de retrouver son statut perdu dans les années 1920, lorsque Staline ramena la capitale à Moscou. Grâce à Vladimir Poutine, ancien bras droit du maire de Saint-Pétersbourg avant de devenir président de la Fédération de Russie, la ville retrouve sa place internationale. Désormais, il n'est pas rare qu'un chef d'État soit seulement reçu sur les bords de la Neva, sans passer par le Kremlin. Au bulletin météo, la speakerine donne les prévisions "pour les deux capitales". Poutine a débloqué une immense somme d'argent pour la rénovation des palais et de certaines rues, menée au pas de charge. Tout doit être prêt pour le tricentenaire, en 2003. Saint-Pétersbourg sera alors la vitrine de la Russie.

"Je voudrais mieux comprendre le sens de votre projet. Vous voulez raconter le quotidien des Pétersbourgeois aux lecteurs francophones, c'est ça ? Mais moi, je me demande si ça m'intéresserait de savoir comment vivent les Parisiens au jour le jour. Qu'on me parle de leurs palais et de leur histoire, d'accord, mais pourquoi évoquer le quotidien le plus banal ? Avec votre micro et votre photographe qui vous accompagne partout, c'est un peu comme si vous jetiez un œil par le trou de la serrure des maisons russes..."
Telles ont été les premières paroles de Moussia, une dame que nous venions interviewer dans sa datcha. Puis elle a souri : "C'est une vieille tradition juive. Quand ton fils te présente sa bien-aimée, le rôle de la mère est de lui poser les questions les plus désagréables et de mettre en avant tous les défauts de la jeune fille. Si le fils tient bon, c'est la preuve qu'il l'aime vraiment." Ce jour-là, nous venions de passer notre test.

Notre racontons dix-huit rencontres, petites ou grandes. Nous parlons des Russes, mais pas seulement. Tant il est vrai que connaître les autres, c'est la meilleure façon de se connaître soi-même.

22/XII–20/I

ГОСТ 1820-85

ДМ31

СПИЧКИ

K
11.0

LA CENDRILLON DES COURS INTÉRIEURES

Elle s'approche à pas lourds, le balai à la main, fatiguée mais radieuse. Son sourire espiègle et bienveillant vous éblouit, tel un rayon de soleil dans cette cour intérieure privée de lumière, un "puits" comme on dit ici. Les habitants des immeubles environnants connaissent bien Valentina, balayeuse dans le quartier Liteiny. Elle s'occupe d'un des réseaux de cours intérieures qui font partie des curiosités peu médiatisées de Saint-Pétersbourg. Les passants habitués les empruntent pour éviter l'agglomération des grandes avenues. Ici, c'est le royaume de Valentina : les poubelles débordantes ne demandent qu'à être soulagées ; les chats et les chiens errent à la recherche de nourriture et de câlins. Valentina habite dans une petite chambre avec entrée indépendante. Un chœur d'aboiements et de miaulements glorifie son arrivée. Une douzaine de chats et un chien se promènent nonchalamment autour d'elle. Les "enfants" de Valentina lui rendent à chaque moment amour et fidélité. Dans la chambrette s'entassent un bureau servant de table de cuisine et de niche, un fauteuil qui devient petit lit, quelques meubles et deux télévisions. "Une pour l'image et une pour le son !" rigole Valentina.

Le plus impressionnant chez elle, c'est sa bibliothèque remplie de classiques russes. Des recueils de poèmes, des romans et des pièces de théâtre. Elle récite avec émotion Pouchkine, Akhmatova, Pasternak. Sous son uniforme de balayeuse, on devine une femme fine et cultivée, aux gestes pleins de grâce. Car Valentina est comédienne. Partie de Rubtzovsk, en Sibérie, à dix-sept ans, elle est arrivée à Saint-Pétersbourg avec un rêve : devenir actrice. Cinq tentatives d'entrée à l'Institut théâtral, puis quatre ans de formation professionnelle. Pendant ce temps, elle devait bien vivre. Elle s'est donc engagée comme balayeuse pour bénéficier d'un logement municipal. Le plus étrange, c'est que tout s'est passé dans la même rue. Elle vivait, balayait et allait au conservatoire sur le même trottoir. Certains de ses camarades de classe sont partis à l'étranger, d'autres ont réussi leur carrière dans d'autres domaines. Quant à Valentina, elle est restée dans sa rue. Depuis onze ans, elle n'a pas bougé.
"C'est une ruse que de changer de personnalité, explique Valentina à propos de ses deux métiers. Cela aide beaucoup dans la vie. Vous savez, ces acteurs qui se sont trouvé un seul rôle, par exemple sex-symbol ou 'héros', ils ont beaucoup de peine, car il est difficile psychologiquement de supporter une seule facette de sa personnalité. Les acteurs comme moi ne jouent pas des premiers rôles. Les gens comme moi, qui ne sont ni beaux ni extraordinaires, arrivent mieux à protéger leur vie intérieure grâce à ces rôles."
La situation économique de Valentina est celle de beaucoup de provinciaux. Attirés par les "lumières de la ville", ils sont obligés de se trouver un travail pour obtenir un permis de séjour. Et sans logement, il est difficile de se faire engager... Le cercle vicieux classique pour tout immigré, sauf qu'ici cela se passe dans son propre pays. En Russie, un Moscovite a besoin d'un permis de séjour pour travailler à Saint-Pétersbourg.

Valentina se décrit comme appartenant au "type paysanne". Les pommettes rondes et ses formes pleines évoquent la beauté "russe", telle qu'on peut l'admirer dans les portraits du XIXe siècle. Par ailleurs, elle possède une simplicité et une franchise devenues rares sur scène. Ce type d'actrice était très recherché à l'époque soviétique, mais actuellement, dans les théâtres, on a besoin de "jeunes

Ф.М. ДОСТОЕВСКИЙ
БЕСЫ
ИСТОРИЯ РОССИИ
Эрнест ХЕМИНГУЭЙ

premiers". Ce qui signifie, aux yeux de Valentina, que les scènes de Saint-Pétersbourg lui sont fermées. Courageuse, elle s'est dit un jour : "Soit je fais du bon théâtre, soit je n'en fais pas du tout !"
Cependant, le fait d'avoir peu joué a fini par la faire remarquer. Sokourov l'a engagée dans son film *Taurus* (présenté à Cannes en 2001). En effet, ce metteur en scène préfère les comédiennes qui ne sont pas passées par d'autres plateaux de cinéma. Valentina s'est présentée en tant que balayeuse et a été prise pour un rôle d'infirmière auprès d'un tyran malade, un des thèmes préférés de Sokourov, déjà étudié dans *Moloch*, dans lequel le cinéaste racontait les derniers moments de la vie de Hitler. Avec *Taurus*, Sokourov s'attache à brosser le portrait de Lénine durant ses derniers jours. Rongé par la maladie, il demande officiellement au Parti communiste la permission d'utiliser du poison. Le camarade Staline lui promet de réfléchir à cette éventualité... "*Taurus* parle de la position de chacun face à la mort et à la maladie, explique-t-elle. Même si un homme a atteint un statut social très élevé, à un moment donné il se trouve face à face avec la mort et avec son âme. C'est mon interprétation personnelle, peut-être Sokourov voulait dire autre chose..."
Valentina s'est transformée en domestique. Selon le scénario, elle devait servir la soupe à la famille de Lénine. Mais Sokourov a inventé une scène entière avec Lénine... au lit ! "Je vais vous expliquer ; ce n'est pas du tout ce que vous croyez. (Elle éclate de rire.) Mon personnage, Shura, entre dans la chambre de Lénine. Il vient d'avoir sa crise de nerfs. Vous savez, des caprices d'un homme gravement malade. Tout le monde l'a abandonné. Shura lui dit : 'Personne ne vous aime ici.' Lénine est mal assis ; il se penche d'un côté et finit par tomber sur le lit. Alors Shura le relève, l'installe confortablement sur ses coussins. À un moment donné, ils se trouvent tous les deux couchés en travers du lit. Ils ne se parlent pas, mais leur silence est plein d'amitié et de tendresse. Puis elle s'en va."
Cet épisode a beaucoup touché Valentina, qui a essayé d'apporter une touche d'humanité à ce personnage, devenu un "monument national" sous le régime soviétique. "Quelle était la couleur de sa couverture ? Comment faisait-il sa toilette le matin ? À l'époque soviétique, on avait peur de se poser ce genre de questions. Même le mot 'pantalon' a été interdit à la radio !"

Le rire de Valentina résonne joyeusement dans la "cour-puits". Ses chats la regardent avec stupéfaction. Cette insouciance peut être interrompue à n'importe quel moment par la voix martiale de sa supérieure : "Valentina, au boulot !" Ses collègues balayeurs ne sont pas très indulgents avec elle parce qu'elle est trop différente d'eux. Une personne qui boit beaucoup, cela s'explique, mais celle qui participe à un tournage de cinéma, cela demeure incompréhensible pour eux. "La dernière fois, raconte-t-elle, je suis venue demander une autorisation à mes supérieurs pour partir au tournage. La secrétaire m'a dit : 'D'accord, mais dans ce cas, vous n'aurez pas de congés cet été.' J'ai demandé pourquoi. Elle m'a répondu : 'Parce que maintenant vous allez vous reposer'. Alors que le tournage est un travail très difficile, physiquement et psychologiquement ! Mais elle ne pouvait pas comprendre cela."
Le boulot de balayeuse est surtout épuisant en hiver, quand les tas de neige s'amoncellent sur les trottoirs. À cette période de l'année, les camions de ses collègues déversent des tonnes de gravier et de sel sur les routes. En été, ce gravier se transforme en sable. C'est pourquoi la poussière est omniprésente dans Saint-Pétersbourg. En automne, la pluie et les feuilles mortes sont belles à voir depuis la fenêtre. Mais quand on est responsable comme Valentina d'une demi-douzaine de cours intérieures, d'une quinzaine de cages d'escaliers et de deux rues, on en vient à maudire la moindre intempérie. "Nous sommes comme les paysans qui vivent avec la terre... Ils dépendent de la nature et nous aussi. De plus, j'ai appris à séparer ma vision esthétique de la nature du travail que cela implique. Sinon, c'est très dur à supporter : il a neigé, et, au lieu d'admirer cette pureté, on est catastrophé par le travail que cela représente."

Valentina connaît des gens très différents. Aussi bien une actrice anglaise, avec laquelle elle a sympathisé pendant le tournage d'*Anna Karenine* (avec Sophie Marceau), que des sans-abri. À propos de ces derniers, il faut comprendre que, en Russie, il n'est pas nécessaire d'avoir été viré par son patron ou ruiné pour se retrouver à la rue. Il arrive souvent que des gens trop naïfs soient dépossédés de leur appartement suite à une escroquerie. On estime qu'un tiers des 50 000 sans-abri de Saint-Pétersbourg ont été victimes de fraudes immobilières. Tous ceux que

les réformes économiques et les changements de lois ont désorientés sont des proies faciles pour les escrocs. "L'un d'entre eux a élu domicile sur un des escaliers dont je m'occupe. Je dois chasser ces pauvres gens. C'est affreux. Je me sens responsable de leur comportement, de tout ce qu'ils font. Heureusement, il est possible de négocier avec eux. Mais parfois ils se laissent complètement aller, à cause de l'alcool. Je les comprends. Lorsque tu te trouves dans une telle situation, soit tu deviens fou soit tu essaies de 'débrancher' ton cerveau."
Être confronté au malheur, cela peut parfois signifier tomber nez à nez avec... "des cadavres. C'est horrible ! C'est une telle épreuve. Cela m'est arrivé deux fois. Un jour d'automne, je balaie et tout à coup j'aperçois un homme couché dans l'escalier, à l'entrée de la cave. Je réalise que c'est un cadavre. Pourtant, les gens passent à côté sans même l'apercevoir. Et moi, ah ! j'ai un choc... En même temps, en tant qu'actrice, je m'observe, j'observe mes réactions face à un tel événement".
Valentina rit. Elle n'abandonne jamais son sourire. Au contraire, elle s'y réfugie. "J'ai compris qu'il était mort de froid parce qu'il était vêtu seulement d'une chemise. En cette saison, il gèle la nuit. Et pour lui, ç'a été fatal. Une autre fois, j'ouvre la porte d'entrée d'un immeuble et je vois... des pieds. Je referme la porte en me disant que c'est encore un cadavre. Tout à coup, le facteur arrive. Je le regarde, incapable de prononcer un mot. Notre facteur, c'est un homme très flegmatique. Il a tout vu dans sa vie. Il ouvre la porte et il entre. J'attends un long moment. Je l'entends déposer les journaux comme si de rien n'était, puis il s'en va à la porte suivante. Il a l'air complètement indifférent. Alors, j'avertis mon supérieur : 'Chez moi, il y a encore un cadavre'. Il va sur place et il sort aussitôt en courant : 'Oui, tu as raison'. Un moment après, on m'appelle dans notre administration. On me donne un savon, une serpillière et on m'ordonne de nettoyer l'escalier jusqu'au troisième étage. J'arrive et je vois qu'il y a du sang partout : sur les marches, sur les murs et même dans l'ascenseur. Je dois laver tout cela. Mes mains tremblaient. Ce n'était pas du cinéma ; j'étais complètement bouleversée. Mais je devais le faire, sinon les locataires auraient été mécontents. Ils auraient dit : 'Ah ! ce n'est pas propre ici !' (Elle rit) Plus tard, l'enquêteur débarque. Il me pose plein de questions : où, comment, à quelle heure je l'ai aperçu. Je raconte tout ce que je sais. Soudain, il m'interrompt :

'Attendez, c'est pas un cadavre, pourquoi l'appelez-vous cadavre ? Il est encore bien vivant !' "

On se croirait dans un film d'horreur de série B. Mais qu'est-ce qui est plus réel dans sa vie ? Ses rencontres avec les sans-abri ou avec le chef des bolcheviks ? Les cours intérieures ou les salles somptueuses de l'Ermitage ? Ce dernier servira de décor pour le prochain défi cinématographique de Sokourov, *L'Arche russe*. Un plan séquence d'une heure et demie à travers les salles et les galeries. Un véritable défilé avec tous les personnages historiques de Russie. Et parmi les dames de la cour impériale... Valentina !
Le soleil de la fin août chauffe tranquillement la cour intérieure. L'absence totale de décoration contraste violemment avec les sculptures, les frontons et les moulures qui surchargent l'entrée de nombreuses maisons du centre historique. De plus, l'endroit baigne dans un silence ouaté. Parfois, on entend des bruits de casseroles, un air d'opéra sortant par une fenêtre ouverte ou des bribes des conversations téléphoniques. Les locataires sont invisibles. Savent-ils seulement que la balayeuse de leur quartier se promène en princesse dans le palais des tsars ?

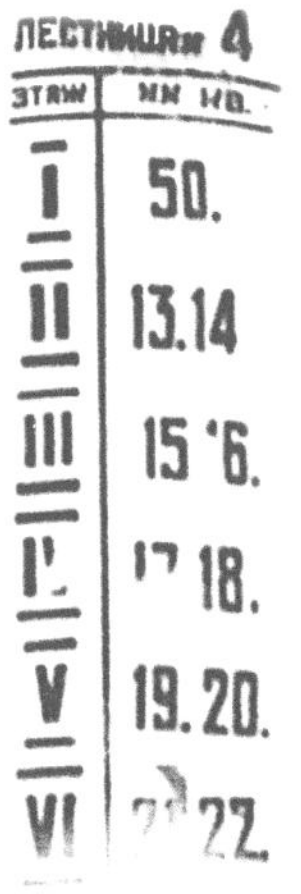

КБГ
T
500

LA DAME AUX FLEURS

Devant une maison grise, une vieille dame se tient courbée. Elle est occupée à planter des fleurs sur une bande de gazon aménagée au bord du trottoir. Ses gestes sont lents et déterminés. Elle utilise des morceaux de présentoirs provenant d'une boutique de mode située non loin de là pour façonner un grillage autour de ses fleurs. Un tel labeur étonne les passants. Après tout, c'est déjà la fin août ; les premiers gels arriveront dans trois ou quatre semaines à peine. "Je fais ça pour une amie qui a sa fenêtre juste en face, explique la petite vieille. Elle est très malade. Alors les fleurs lui feront plaisir."

LE POPE DU FRONT

Les paysages monotones s'étendent à perte de vue devant la vieille Ford 4x4 Explorer. Le véhicule a quitté Saint-Pétersbourg depuis une demi-heure et longe la rive de la Neva à vive allure. Sur le bord de la route surgit soudain un panneau métallique badigeonné de rouille : "Leningrad vous dit au revoir." Bien que la ville ait changé de nom depuis plus de dix ans, personne n'a songé à remplacer ce vestige du passé. Néanmoins, il constitue un excellent indicateur. Non pas un indicateur spatial, mais temporel. Car le véhicule a commencé un voyage dans le temps. Comme pour confirmer ce qui était écrit, une défense antichars rongée par la pluie s'étire dans un champ. Au loin, sur une colline verdoyante, trône un char monument. Le doute n'est plus permis. Le 4x4 se trouve sur une ligne de front. Ici, la guerre a fait rage. Sauf que cela ne s'est pas appelé "guerre" mais "blocus de Leningrad". Durant la Seconde Guerre mondiale, les forces allemandes ont assiégé la ville pendant plus de neuf cents jours (!) sans parvenir à y pénétrer.
Au volant de sa voiture, le père Viacheslav est détendu. Ce matin, il a dit au revoir à ses deux filles adolescentes et il a pris le temps de jouer avec la petite dernière, Alexandra, âgée de quinze mois. Marié depuis dix ans, cet homme tutoyant la quarantaine déborde de joie de vivre et d'humour. Musicien de formation, il a consacré une partie de sa vie au jazz et à la musique baroque. Depuis quelques années, il poursuit des études de théologie. En outre, il a tissé de nombreux contacts avec les mouvements œcuméniques, notamment en Italie et aux États-Unis, d'où il a rapporté cette vieille Ford et une carte du monde assez inaccoutumée pour les foyers russes, puisque les États-Unis sont dessinés exactement au centre du monde...

< Le premier cimetière allemand sur sol russe, aménagé grâce aux efforts du père Viacheslav.
^ Coupons de rationnement durant le blocus de Leningrad.

Les deux paroisses dont il s'occupe se trouvent sur l'ancienne ligne de front, dans la commune de Kirovsk. À force d'être confronté aux témoignages des fils de survivants et de voir sans cesse la terre expulser de ses entrailles des morceaux de ferraille, il s'est transformé peu à peu en historien amateur.
"Dans l'histoire de toutes les guerres, raconte-t-il, le morceau de terre le plus imprégné de sang est celui de Nevski Piatachok et la commune de Kirovsk, dans la région de Leningrad. La densité des pertes est colossale. Une femme se souvient que lorsqu'elle est revenue dans son village natal, il ne restait plus rien debout. Mais pour aller prendre l'eau à la rivière, elle devait traverser le 'corridor entre les cadavres'. Elle était jeune fille et les cadavres étaient posés les uns sur les autres, ce qui faisait des 'murs' plus hauts qu'elle. En aval, sur la Neva, un filet avait été installé pour attraper les cadavres qui flottaient. C'était vers le printemps 1944, lorsque les neiges avaient commencé à fondre. Ce dispositif empêchait le courant de charrier les milliers de cadavres jusqu'au centre-ville. Cela aurait été un choc terrible, un événement trop démoralisant pour les habitants que de voir les soldats russes péris dans les batailles".
Le père Viacheslav y a trouvé sa destinée : défendre la cause de la paix. Cela signifie rendre hommage à toutes les victimes du conflit, aussi bien allemandes que russes. Et la tâche est immense car, à son avis, dans aucun autre pays on ne trouve de cimetières aussi mal aménagés qu'en Russie. Il existe des tombes gigantesques où gisent des milliers de corps. Le prêtre y voit l'expression d'un certain collectivisme.
Ce matin, il se rend à une cérémonie particulière : l'inhumation de restes de soldats morts en défendant Leningrad. Il arrive en retard. Sur la place jouxtant le cimetière militaire, on n'attend plus que lui. Sur la gauche sont alignés de jeunes hommes et de jeunes femmes aux visages graves et pénétrés. Leur allure et leur uniforme se veulent militaires. Ces volontaires fouillent les champs de bataille de la Seconde Guerre mondiale à la recherche des soldats tombés dans les tranchées. Comme un vrai pope du front, le père Viacheslav récite des prières devant les huit cercueils recouverts du drapeau russe. La foule silencieuse est envahie par l'étrange sentiment que la guerre a resurgi de la forêt et des collines environnantes.
Le père Viacheslav adresse ces paroles aux jeunes volontaires :

"Votre tâche est très importante. Chaque fois que vous trouvez les restes d'une personne unique créée par Dieu, vous trouvez les restes d'un corps qui contenait une âme. Le corps est aussi important pour Dieu. L'arrivée et le départ d'un être humain dans le monde ne doivent pas passer inaperçus. Dieu connaît les noms des soldats qui restent inconnus pour nous. Lorsque nous commémorons les soldats, nous entrons en contact avec le Seigneur. La paix de leurs âmes est aussi celle des nôtres. Notre peuple doit avoir cette mémoire. Lorsqu'on sacrifie des milliers de vies, on ne pense pas à la valeur de chacune d'elles. C'est pourquoi aujourd'hui, il faudrait rendre hommage à chaque soldat, suivre chaque destin. Sur chaque tombe, il doit y avoir une croix. Et chaque veuve doit savoir où est enterré son mari."

Ensuite, les cercueils sont transportés dans le cimetière militaire, où une grande tombe avec huit croix a été préparée. Les participants reçoivent une bougie pour propager de proche en proche la flamme du prêtre. Il y a quelques années encore, ce genre de situation était inimaginable. Mais aujourd'hui, les rapports entre l'Église et la société ont changé. De plus, après la disparition des anciens rituels idéologiques, il est resté un grand vide que les gens cherchent à combler. Le père Viacheslav discute avec une des volontaires, une adolescente au visage dévoré par d'immenses lunettes.
"L'Église essaie de transmettre l'idée que toute mort est chrétienne par nature. C'est la notion de sacrifice qui compte. Peu importe si les soldats criaient 'Pour Staline !' en courant vers l'ennemi. La religion orthodoxe n'existe pas sans le sacrifice ; c'est son fondement."
Le groupe de volontaires vient de Novossibirsk, au sud de la Sibérie, mais il existe entre dix et vingt équipes de fouilleurs provenant de villes différentes qui se relaient depuis dix ans dans la région de Saint-Pétersbourg. L'équipe de Novossibirsk appartient à l'École des cadets, fermée après la Révolution et rouverte en 1992. L'éducation militaire est en train de se réimplanter en Russie. Les cadets de Novossibirsk habitent dans un internat avec les orphelins. Très vite, ils entrent dans des clubs patriotiques où les élèves apprennent le respect des traditions. C'est leur façon de lutter contre la drogue, l'alcoolisme ou la

délinquance. Bien qu'ils affirment faire ce travail parce que le gouvernement actuel en est incapable, il y a une certaine convergence d'esprit entre eux et le respect de l'ordre et l'amour de la patrie prônés par Vladimir Poutine. D'ailleurs, parmi les volontaires, quelques-uns ont été médaillés durant la guerre en Tchétchénie. Natalia, chef de l'équipe, une femme qui respire l'autorité, invite le père Viacheslav à déjeuner dans le camp où ils vivent depuis le début de l'été. Après un cours trajet en 4x4, le prêtre se retrouve dans un autre monde. À la lisière d'une petite forêt, une dizaine de tentes ont été montées. Un grand chaudron est posé sur le feu. Un peu plus loin, un groupe d'adolescents aux visages de séraphins chante des chansons de la Seconde Guerre mondiale, d'une voix lointaine et nostalgique.

"Cette division, cette division, cette division,
Qui l'a amenée ici, qui l'a jetée dans la neige ?
Cette division se réveillera au printemps.
La neige fondra, fondra, fondra,
Les ruisseaux vont couler à travers cette division,
Mais ils ne se lèveront pas, non, ils ne se lèveront pas,
Les commandants ne mèneront pas cette division.
Ils sont tous là, deux cents soldats, ils sont âgés de quatre mille ans.
Cette division marchait dans les marécages.
[...]
Cette division a été fusillée par la division,
Par la division qui veillait sur les premiers[1].
Cette division est couchée sous la neige, sous la glace.
Et les perce-neige poussent sur la tête du capitaine.
[...]
Les généraux ont reçu une médaille et ils sont à la retraite,
Ils ne se souviennent pas de cette division."

Un des fouilleurs emmène le père Viacheslav dans la forêt. À première vue, rien ne laisse supposer que ce terrain marécageux et ce sous-bois ombragé ont été le

1. Par ordre de Staline, des divisions spéciales surveillaient les premières lignes et les fusillaient si elles reculaient pendant le combat.

théâtre d'un carnage de neuf cents jours. La réalité de l'affrontement est pourtant là, tapie sous la terre humide : une mine non explosée est signalée par un chiffon blanc. Cet été, les fouilleurs ont arraché à la terre glaise les fortifications et les restes de nombreuses tranchées.

Un silence de soixante ans s'est abattu sur la forêt. Il pèse sur chacun de vos pas. Ici, chaque mouvement a le poids du passé. Le père s'arrête devant un énorme cratère rempli d'eau noire. Natalia lui explique qu'il s'agit d'une explosion produite par une "Avia bombe". Le trou, véritable métaphore de l'oubli, est si profond qu'il est impossible de pomper l'eau pour voir ce qu'il cache. On s'assied au bord et, qu'on y passe dix minutes ou une heure, cela ne fait aucune différence : l'émotion vous monte aux yeux.

Pourtant, les eaux souterraines emportant les souvenirs peuvent aussi les faire remonter à la surface. Un des fouilleurs tient dans sa main une gamelle en aluminium fermée par un couvercle. Elle a été trouvée près d'une source. La gamelle contient les restes solidifiés d'un dernier repas et une cuiller en bois. Le père examine la gamelle, la tenant comme une icône. Elle est couverte de terre. Natalia gratte un peu et une inscription griffée sur le côté apparaît : "Popov", c'est-à-dire "fils de pope". "Il fallait que je sois là le jour où on découvre la gamelle du soldat Popov !" s'exclame le père Viacheslav.
Il sourit, mais c'est pour dissimuler sa dévotion. Le fouilleur montre alors les principales découvertes effectuées cette année. Outre les dizaines de masques à gaz et de bottes en cuir, ils sont tombés sur des objets plus personnels, comme ces chaussures de danse appartenant sans doute à une jeune infirmière ou un peigne attaché à un miroir. Parfois, un éclat de soleil traverse les branches et redonne vie à ces souvenirs alignés méthodiquement au bord de la tranchée.
Revenus au camp, les volontaires servent une bonne soupe de champignons frais, arrosée de thé. Assis sur des bâches, le père Viacheslav mange avec appétit. Puis la discussion s'engage.
"Dans un endroit semblable à celui-ci, raconte-t-il, on a construit un parking récemment. Tous les vestiges ont été bétonnés !
– Si on compare la carte actuelle de la région avec celle datant de la guerre, poursuit la responsable des fouilles, on verra que les champs de bataille les plus sanglants ont été travaillés par les agriculteurs ou recouverts par de nouvelles forêts.
– Peut-être faisaient-ils exprès d'effacer cette mémoire ? se demande un volontaire.
– Je pense qu'il est très difficile de juger les autorités de l'époque, répond la responsable des fouilles. En 1946, les équipes de soldats chargées d'enterrer les morts avaient peu de moyens pour le faire correctement. En plus, ils trouvaient souvent des corps décomposés, car les cadavres s'étaient entassés durant des mois et même des années de bataille. La fosse commune était la seule solution.
– C'est vrai. N'empêche qu'à l'époque soviétique on voulait réduire l'histoire à la version officielle ; effacer tous les paradoxes et les problèmes de la guerre."
Le patriotisme soviétique avait fait de tous les soldats et de leurs officiers des

Cratère vieux de soixante ans laissé par une "avia bombe".

héros. Puis la glasnost des années 1980 a révélé toute une série d'erreurs de commandement et de cruautés de la part des généraux envers leurs propres troupes. Comme toujours, la vérité est entre les deux. Car après tout, au-delà de toutes les propagandes et des révélations, ce qui est sûr, c'est que des centaines de milliers de soldats se sont battus et sont morts pour défendre leur pays.
Le père Viacheslav voudrait garder la gamelle découverte aujourd'hui pour le futur musée qu'il compte ouvrir dans le village de sa deuxième paroisse. À ce propos, il prend congé du groupe de volontaires car il doit encore se rendre dans cette deuxième paroisse avant la fin du jour. Nouveau trajet en jeep. Au bout d'une demi-heure, celle-ci quitte brusquement la route principale et s'engouffre sur un petit chemin fraîchement bitumé. Il y a quelques années, quand il est

Trouvailles provenant de l'ancienne ligne de front.

arrivé là, tout était à faire. L'église, bombardée en 1943, n'était plus qu'une ruine au milieu de laquelle poussaient des arbres ; aucune route goudronnée ne desservait le village ; et d'une façon générale les gens se méfiaient beaucoup de la figure du prêtre, disparue depuis soixante-dix ans.

Depuis, les paroissiens ont restauré une petite ferme. Mais la grande œuvre du père est la reconstruction de l'église. Près de celle-ci se trouvait également un cimetière à l'abandon, unique dans la région puisqu'il abrite non pas des Russes mais des soldats allemands. Prenant son courage à deux mains, le père Viacheslav s'est rendu en Allemagne pour convaincre une fondation de restaurer le cimetière. Il s'est battu pour qu'une partie des fonds débloqués serve en même temps à la restauration de l'église orthodoxe. En effet, le danger était grand que

Volontaires de Sibérie participant aux fouilles dans la région de Saint-Pétersbourg.

les villageois ne tolèrent pas qu'on donne de l'argent pour enterrer décemment "des étrangers" mais pas leurs propres enfants. Il faut dire que le souvenir des atrocités nazies subsiste encore dans la mémoire collective.

De plus, au moment de lever le blocus de Leningrad, les nazis ont dynamité tous les palais construits dans la région par Pierre le Grand ou Catherine II, dont Tsarskoïe Selo, l'équivalent de Versailles. Le gouvernement soviétique a mis plus de quarante ans pour les reconstruire à l'identique. Aujourd'hui encore, devant chaque entrée, on présente aux visiteurs des photographies montrant les lieux tels qu'ils étaient en 1945.

Un joli grillage s'ouvre sur un immense champ couvert de croix fraîchement dressées. Le gazon tondu et les pavés de l'allée principale sont entretenus avec un soin méticuleux. Situé sur un terrain vallonné, le dépouillement total de ce lieu de mémoire allemand coexiste avec le paysage russe, fait d'une succession de plaines et de forêts parsemée des silhouettes grisâtres des maisons en bois. Le vent souffle entre les blocs de granit, posés dans l'herbe tels des livres géants, remplis de noms germaniques : Hans Wolf (1921-1942), Peter Müller (1912-1942) Le regard du visiteur est attiré par quelques rares photos de visages de jeunes gens. Elles ont été apportées par les descendants des soldats qui se rendent régulièrement dans ce cimetière. La sobriété de l'ensemble oblige chacun à essayer de reconstruire par lui-même ce qui s'est passé.

Le père Viacheslav fait le tour du cimetière d'un pas pénétré. Il est fier d'avoir initié la construction de ce mémorial après de longues négociations avec l'administration régionale. Certaines mauvaises langues l'accusaient même de sympathies pronazies. En effet, il n'est pas facile de rendre hommage à la mémoire de ceux qui sont encore considérés comme les ennemis absolus. Pour l'inauguration, le maire de Saint-Pétersbourg et l'ambassadeur d'Allemagne en Russie se sont déplacés.

Le père Viacheslav entre dans l'église en restauration. Il discute avec les ouvriers de l'avancée des travaux. Les fondations sont terminées ; les ouvriers attaqueront la charpente dès demain. Au milieu des poulies et des bruits de soudure, le père Viacheslav imagine le résultat final. Avec ses cinq coupoles argentées et sa flèche bleue, l'église s'inscrira dans le style traditionnel russe, né dans la région de Moscou. Au sous-sol, un musée sera aménagé pour accueillir les documents et les objets relatifs à l'histoire de la région, dont la gamelle trouvée cet après-midi. On évoquera surtout un moine italien installé au XVIe siècle au milieu des marécages pour y fonder un monastère. On témoignera aussi du massacre des prêtres orthodoxes dans ce même monastère, transformé en goulag dans les années 1930.

Mais le père Viacheslav ne compte pas s'endormir sur ses lauriers. Il a déjà en tête un nouveau projet, le parc de la Paix. Un espace vert pour accueillir des sculptures d'artistes contemporains. Ainsi, les futurs visiteurs pourront entreprendre un parcours mémorial composé par l'église, le musée, le cimetière restauré et le jardin des sculptures.

En russe, "paix" se dit *mir*. Mais cela signifie aussi "monde". "La guerre est une chose très limitée, plaisante le père Viacheslav, tandis que le monde est grand !"

T-20C
1400

L'HOMME QUI ALLAIT LÀ OÙ IL N'Y AVAIT PLUS DE CÂBLES ÉLECTRIQUES

À l'extérieur du marché Sitny, un groupe de vieilles femmes s'est installé sur des tabourets pliables. Un fichu coloré sur la tête pour se protéger du soleil, le visage et les mains parcheminés, elles attendent sans trop y croire qu'une bonne âme s'intéresse à leur marchandise. On a envie de leur acheter tout leur stock pour quelques dollars, pour les aider. Mais ça ne se fait pas. Les babouchkas vendent des graines de tournesol et des feuilles de laurier, sous un grand panneau délavé sur lequel est écrit : "Vente interdite". Mais personne ne s'occupe d'elles. Le marché obéit à des règles très strictes, stipulant qui a le droit de vendre quoi et en quelle quantité. Néanmoins, il tolère la présence de personnages hétéroclites, ombres sans importance ni véritables identités. Les vendeurs de légumes et les bouchers les traitent avec une humeur oscillant entre la pitié et l'agacement.
Quand un de ces êtres grisâtres jaillit au milieu des étals colorés, le passant est d'abord frappé par son regard ardent. Ses habits sont ceux d'un homme qui ne se soucie pas de ses habits. Si vous êtes étranger, il s'approchera de préférence de vous parce qu'il y a peut-être un peu d'argent à soutirer. Ses dents sont tombées dans quelque bagarre de rue ou durant le service militaire. Sa voix de crécelle couvre les bruits du marché. Il colle son visage contre le vôtre et commence un monologue stupéfiant.
"Vous, les Français, faites pas les malins ! On vous a battus en 1812, hein ! Aujourd'hui, j'ai la voix d'un alcoolo. Je le cache pas. Il m'est arrivé de boire le détergent pour les vitres. Pourquoi boit-on en Russie ? Parce que c'est un beau pays, voilà. Dites, vous me donnez 10 roubles pour l'interview ? Je n'accepte pas l'argent étranger, parce que si j'arrive au bureau de change avec ça, on m'embarque

au commissariat. Nous avons un président super[1] ! Il vient de Piter[2]. Mais il ne peut pas tout changer d'un coup dans ce pays, pas vrai ?"
Il se frotte la nuque avec rage.
"J'ai passé seize années dans les prisons russes de Saint-Pétersbourg à Astrakan. Je vous jure, c'est comme à l'époque d'Ivan le Terrible. Celui qui se retrouve en prison est fichu. En France, on voit à la télé que les prisonniers vivent autrement. Là-bas, on les rééduque ; ici, c'est le contraire. Et quel est le sens de tout ça ? J'ai quarante-quatre ans. Et je n'ai pas d'amour. Et sans amour, on peut pas vivre. Je le pense franchement. Je m'approche parfois des grands bandits dans leur Mercedes. Je fais la manche. Ils me jettent 200 roubles par la fenêtre. Moi, je m'approche pour qu'ils me tuent. Parce que j'en ai marre de cette vie. Mon fils a vingt-deux ans, ma fille seize. Mais ils ne vivent pas avec moi. Quand j'étais jeune, j'écoutais beaucoup Joe Dassin. J'étais hypnotisé par sa musique. Je m'ennuyais à l'école. Par contre, j'adorais les trains. Je courais sur les toits des trains. La nuit, la pluie : ça m'était complètement égal. Je prenais le train pour aller jusqu'au bout, là où il n'y avait plus de câbles électriques. J'adorais ça ! C'était jazz !"

1. Vladimir Poutine (ndlr).
2. Surnom de Saint-Pétersbourg (ndlr).

14 18

9.3

DANS L'ELEKTRITCHKA

L'Elektritchka s'ébranle et quitte la gare de Finlande. Le tortillard régional monte droit vers le nord et quitte bientôt les derniers faubourgs. Comme il s'arrête dans chaque village et même au beau milieu de nulle part, les voyageurs ont le temps d'admirer les herbes sauvages ou les carcasses ocre de voitures rouillées perdues dans les champs. Parfois la vue est bouchée par d'immenses portions de forêt épaisse. Serrés par groupe de trois sur des banquettes en bois, les voyageurs écoutent les vendeurs à la criée qui grimpent à chaque station. Ceux-ci sortent de leur gros sac de sport des sprays antimoustiques, des romans de science-fiction, des collants américains "couleur goudron mouillé", des plaques de chocolat, des glaces et mille autres trésors bon marché.

"Chaussettes pur coton, crie une robuste vendeuse. Fabrication russe ! Rien à voir avec les productions chinoises ou coréennes !

– Excusez-moi, madame, demande un monsieur âgé, habillé d'un gros pull en laine. Vos chaussettes sont-elles jetables ?

– Qu'est-ce que vous racontez ? répond la vendeuse indignée. Ces chaussettes sont durables."

Après son départ, le passager se met à discuter avec son voisin, également retraité.

"Vous allez à la cueillette aux champignons ?

– Non... À mon âge, c'est trop fatigant. J'ai plus envie de me lever en pleine nuit et de passer des heures dans la forêt avec mes grosses bottes en caoutchouc pour être le premier à cueillir les champignons. Ensuite, on doit se dépêcher de revenir en ville pour les vendre devant le métro. Quel boulot !

– C'est vrai. N'empêche qu'un bolet se vend 50 roubles[1]. Et 100 roubles, c'est déjà 10 % de ma pension. Alors, moi, je dis que ça peut valoir la peine.

– Chacun se débrouille comme il peut. Moi, je voudrais bien avoir un jardin potager à ma datcha. Hélas, tout est volé. Les patates, les légumes, les fruits. On vole tout ici."

1. 2 dollars (ndlr).

L'autre acquiesce. Comme l'a écrit Sergueï Dovlatov, "on fauche tout : carrelage, plâtre, polyéthylène, moteurs électriques, boulons, vis, lampes de radio, fil, vitres. [...] du vol irraisonné, gratuit, incompréhensible et qui, sous cette forme, n'existe qu'en Russie[2] ".

"Je vais vous raconter une histoire arrivée à un ami, ouvrier sur un chantier. Un matin, il est descendu dans sa tranchée pour y installer le câble électrique. Soudain, l'énorme bobine de cinquante kilos autour de laquelle le câble était enroulé se met à tressauter. Sous ses yeux effarés, le fil se déroule à toute vitesse et disparaît le long des rails. Un bandit avait attaché le bout du câble à un train de marchandises qui passait par là, puis avait sauté dans le wagon... Mon copain n'a rien pu faire pour arrêter ça. Non mais, vous imaginez ? Un câble électrique de deux kilomètres traîné dans la campagne pendant des heures, derrière un train.

– Si tout est si triste, qu'est-ce qui tient debout en Russie ?

– L'optimisme."

Ils éclatent de rire tous les deux.

2. Sergueï Dovlatov, *La Valise*, Éditions du Rocher, coll. "Anatolia", Paris, 2002.

6. CARPE DIEM

C'est l'avant-dernière station de l'Elektritchka. Le paysage sévère rappelle que la Finlande est toute proche : pins, rochers et marécages se succèdent à perte de vue. Au milieu de cette nature sauvage se trouve la datcha de Moussia, une Russe d'origine juive, à la chevelure rousse flamboyante.

Elle met des champignons à mariner dans un grand pot rempli de sel, d'herbes aromatiques et de feuilles de cassis. Autour d'elle, c'est un désordre organisé. La grande véranda déborde de casseroles, de pots, d'outils, d'assiettes en fer et de vêtements pour toutes les saisons. À la datcha, tout peut être utile, parce qu'on est loin de la ville et du confort. À la bonne saison, c'est un havre de paix, mais en hiver la température peut tomber à moins trente, si bien qu'il est impossible d'y vivre.

À peine sa marinade terminée, Moussia part en forêt. Elle aime tout, sauf perdre son temps. La forêt constitue pour elle une source d'énergie permanente. Elle y récolte des baies, des champignons et des plantes médicinales. Courir ou marcher en été, ski de fond en hiver : tout cela, elle le pratique en compagnie de son petit chien.

Sa promenade habituelle passe par un grand lac, autrefois poissonneux. Mais à l'époque soviétique, on a fait sauter les perches à la dynamite pour élever des poissons plus "nobles", les carpes. Ce projet n'a jamais abouti à cause de la chute de l'Union soviétique, intervenue entre-temps. Maintenant, il n'y a plus rien, ni perches, ni carpes... Seulement ce lac calme et lisse comme un miroir.

À la suite de ce genre d'expériences et d'autres plus calamiteuses encore, Moussia a décidé de garder ses distances devant toute forme de pouvoir : médecins, journalistes, scientifiques ou politiciens. Parmi les arbres, elle est son propre maître. Néanmoins, sa curiosité la pousse à s'intéresser aux différents modes de vie et aux façons de penser des autres. Et dans sa famille, elle est servie : un de ses fils vit selon les rituels juifs orthodoxes, tandis que ses deux filles sont parties en Israël. L'une d'elles s'est engagée dans l'armée. Parfois, elle ne comprend pas leur décision. Bien que complice de ses cinq enfants, Moussia ne se laisse jamais aveugler par l'amour maternel.

En fin de matinée, son fils mathématicien arrive pour s'occuper des ruches. À peine protégé par un masque et des gants de jardinier, il ôte soigneusement les cadres dégoulinants de miel. Ensuite, il les passe dans la centrifugeuse. La manivelle fait un boucan d'enfer. Ses lunettes glissent de son nez perlé de sueur. Parallèlement à ses études et à son travail, il a appris le métier d'apiculteur. Tout a commencé un beau jour, alors qu'il n'était âgé que de treize ans. Il est venu à la maison en déclarant posément : "Maman, on va faire du miel !" L'été suivant, il a construit des ruches dans le jardin de la datcha, en s'inspirant des manuels empruntés dans des bibliothèques. Au bout de quelques années de labeur, les abeilles ont commencé à donner un miel délicieux, bien que les fleurs soient rares dans la forêt.

Le problème, c'est le vol. Il faut surveiller les ruches d'assez près. D'ailleurs, durant l'hiver, Moussia enterre tous ses ustensiles dans un coin secret du jardin... C'est le genre de femme à toujours trouver une solution inédite. En 1992, lorsque les magasins d'État étaient désespérément vides à cause de la chute de l'URSS, époque durant laquelle les Allemands et les Américains envoyaient des paquets de nourriture à la population, Moussia a installé un poulailler... sur le balcon de son appartement, au centre de Saint-Pétersbourg. Parce qu'elle tenait à acheter un coq pour avoir des œufs "vivants". Là encore, il a fallu du temps : les premiers œufs ressemblaient à des balles de ping-pong.

Les rayons du soleil rasent déjà les herbes folles du jardin. La mère et son fils s'installent à table. Au menu : soupe de champignons et miel naturel en dessert.

Ancien gong dans une colonie de vacances.

READY FOR LOVE

Dans leur grande majorité, les Pétersbourgeois sont allergiques à tout ce qui n'est pas classique. Plusieurs explications à cela. D'abord, la capitale de l'Union soviétique étant retournée à Moscou au début des années 1920, Saint-Pétersbourg a échappé aux plans de restructurations et de démolitions massives. Elle n'a pas connu non plus les bâtiments en forme de flèche, chers à Staline. Par ailleurs, elle a miraculeusement survécu au blocus de neuf cents jours imposé par les troupes allemandes. Pour toutes ces raisons, le centre-ville est demeuré relativement intact, proche de ce qu'il était à la fin du XIXe siècle. C'est pourquoi des gestes architecturaux comme la Pyramide du Louvre ou le musée Guggenheim de Bilbao sont impensables à Saint-Pétersbourg.
Pourtant, en arrivant devant l'entrée du coiffeur Koko, on se dit qu'un vent nouveau est en train de souffler : formes géométriques et couleurs fluo jurent avec l'environnement ultraconservateur. C'est la dernière réalisation d'Andreï, jeune designer qui se délecte des réactions scandalisées des grands-mères.
Provocateur, drôle, touchant, buveur, contradictoire et parfois insupportable, Andreï est du genre écorché vif. Chaque atome de son être crie son besoin de reconnaissance. Diplômé de l'académie des Arts appliqués de Saint-Pétersbourg, il fonde avec deux amis le groupe 100 Projets, avec lequel il réalise de nombreux prototypes, dont un fortement remarqué : les Monuments alternatifs pour le tricentenaire.
Des sculptures grandes comme des nains de jardin reprenant de manière stylisée les héros mythiques de Saint-Pétersbourg : Pouchkine, Gogol ou Lénine.

Chacun a sa couleur (rose pour Lénine !) et il est transportable chez soi, dans les quartiers dortoirs. Ce projet ironique dénonce la politique culturelle de la municipalité en matière de monuments. En effet, en prévision du tricentenaire, les rues se remplissent de statues néoclassiques en bronze. Les passants goguenards commentent : “Tiens, encore un Pouchkine !” Les Monuments alternatifs radicalisent la démarche. Cette fois, on propose vingt-cinq Pierre le Grand et quarante Dostoïevski...
Bien que le projet ait reçu le prix du Design de la ville 2001, aucun fabricant ne s'y est intéressé. Alors, pour vivre, Andreï a dû se résoudre à faire balayeur de nuit dans un des nombreux petits casinos récemment ouverts au centre-ville.
“J'ai pas de copine ; j'ai pas de boulot ; je bouffe de la merde ; je tombe malade ; j'ai pas de fric et je suis obligé de retourner vivre chez mes parents. Il n'y a plus

qu'à écrire 'looser' sur mon front et ce sera parfait. Mais bon, faut pas se plaindre : depuis un an, j'ai quand même réussi à exposer une partie de mes travaux à Stockholm et j'ai enfin pu me trouver un atelier."

Il s'agit d'un espace de trente mètres carrés, juché au sommet d'une HLM au bord du golfe de Finlande. Andreï a posé quelques panneaux colorés au mur pour égayer l'ambiance. Dans un coin, un vieux magnétophone diffuse de la musique yiddish en permanence. Trop cher à chauffer en hiver à cause de l'immense baie vitrée laissant passer la chaleur, l'atelier n'est utilisable que quelques mois par an. Mais Andreï n'a pas le temps d'avoir froid. Il est toujours entre deux métros, un carton dans une main et une bouteille de bière dans l'autre, pour rencontrer un client potentiel à l'autre bout de la ville ou remettre un objet à une connaissance. Car ici, personne n'utilise la poste, jugée trop peu fiable. Andreï transporte lui-même son courrier. À Saint-Pétersbourg, il y a cinq millions de facteurs !

Les mois passent. Une fondation s'est décidée à acheter les prototypes des Monuments alternatifs. Cela met un peu de baume au cœur d'Andreï. D'ailleurs, un autre de ses projets a rencontré un joli succès. Il s'agit de petites peluches arborant un signe contemporain à la place du visage : "$, @, Peace, &." De nouveaux fétiches, en somme. Un magasin de vêtements tendance a accepté d'en vendre. Hélas, le manager a refusé de verser le moindre pourcentage à l'auteur.

Durant un moment, il a sérieusement envisagé d'aller en Israël pour… deux heures. Le temps nécessaire pour obtenir un passeport israélien, auquel il a droit puisque son père est d'origine juive. Ensuite, Andreï croit savoir que l'espace Schengen est ouvert aux détenteurs d'un tel passeport, tandis que le passeport russe n'ouvre aucune porte, au contraire.

À part ça, notre jeune designer avoue détester le design en tant que produit de luxe. Il hait aussi les marques. Et la société de consommation. À ce sujet, il sort des cartons son nouveau projet : l'abolition totale et définitive des marques ! Le consommateur aurait le choix entre trois modèles de vêtements, trois coupes de cheveux et trois paires de chaussures. Et rien d'autre. Un projet de design visant la fin du design. Et ce n'est pas la moindre des contradictions dont Andreï est capable.

Sa phrase préférée, celle qu'il répète une bonne quinzaine de fois par jour, c'est : "I'm ready for love."

6.3 2.1 LA FEMME HÉLICOPTÈRE

Imaginez une femme active, doublez-en le rythme effréné et vous obtiendrez le tiers du quart de la moitié du travail que peut abattre Irina en une journée. Courant en taxi d'un rendez-vous à l'autre, elle exerce avec brio et ténacité son métier de public relations, une profession très demandée en Russie depuis l'arrivée du marché libre et du lobbying. Véritable marathonienne du téléphone portable, elle organise, gère, invite, relance. D'ailleurs, c'est presque une philosophie chez elle : promettre la lune et se débrouiller ensuite pour tenir parole. Grâce à ses activités, Irina a tissé un vaste réseau de contacts. Elle côtoie aussi bien les présidents de corporations industrielles que le directeur de l'Ermitage ou des représentants de l'Église. Elle avoue elle-même que ce qu'elle sait faire de mieux, c'est réunir des gens provenant d'horizons très divers. Cette manière de "tutoyer les anges" serait un peu irritante, si on ne sentait derrière sa fougue une authentique fibre sociale.

La première entreprise pour laquelle elle a travaillé assurait le patronage d'un orphelinat. L'entreprise où elle travaille actuellement sponsorise le musée de l'Ermitage. Ensuite, elle a fait le lien entre l'Ermitage et cet orphelinat. Ainsi, les enfants ont bénéficié de visites gratuites. Tous les gens qu'Irina a proposé d'aider sont entrés sur une même orbite et peuvent désormais développer leurs propres idées. Irina a également réussi à obtenir un soutien financier pour les mères élevant seules leurs enfants.

Féministe déguisée en manager, ancienne journaliste, actuellement attachée de presse chez Spark (la plus vieille usine d'hélicoptères du pays), pratiquant le saut en parachute à ses heures perdues, grand-mère depuis peu, sa personnalité est un puzzle de plusieurs milliers de pièces.

Mais pour Irina, tout commence en 1991. Elle est engagée comme journaliste à la télévision russe, peu après le putsch manqué contre Gorbatchev. La télévision d'État a été créée à ce moment, avec de larges moyens financiers.

"C'était une époque magnifique, se rappelle Irina, parce qu'on pouvait faire tout ce qu'on voulait, n'importe quel reportage. J'ai commencé par des documentaires sur l'armée. Le premier film qu'on a tourné, c'était sur l'Arménie et les conflits ethniques. Je ne voulais pas montrer le sang ou les cadavres ; je cherchais à savoir comment la guerre peut déformer les âmes. Un grand nombre de jeunes gens reviennent de la guerre traumatisés et incapables de s'adapter à la vie normale. Je filmais des gens brisés, mais aussi ceux qui continuaient à prendre soin des enfants, à vivre au jour le jour dans un pays en guerre. Ces émissions avaient pour but de faire réfléchir sur la guerre, en évitant la propagande officielle."

En 1993, lorsque la première guerre en Tchétchénie a éclaté, Irina a perdu son poste. La chaîne d'État jugeait "non patriotique" sa façon de filmer la guerre. Après six mois de chômage à essayer de nourrir ses enfants tant bien que mal, elle s'est fait engager dans le petit journal de l'usine d'hélicoptères Spark. Avec d'autres femmes, elles ont mis en route des stratégies publicitaires qui se sont révélées très efficaces. Faisant sien le vieil adage selon lequel une femme est obligée d'être meilleure que les hommes pour être acceptée dans les milieux professionnels masculins, elle a réussi à décrocher plusieurs boulots en même temps.

Mais surtout, Irina croit en la capacité des gens à résister aux régimes totalitaires et à préserver leurs qualités humaines. Elle rêve d'une époque où les politiciens seront capables de s'émouvoir de la situation quotidienne des anonymes. Peut-être arrivera-t-elle à les influencer.

K L6T 22

BIENVENUE AUX VÉTÉRANS DU TRAVAIL !

La fanfare aux boutons dorés s'est installée dans la cour de l'usine. Elle enchaîne les morceaux tonitruants tandis que les grappes humaines compactes franchissent le portail d'entrée. C'est jour de fête à l'usine Spark, située à un jet de boulon de l'aéroport international Pulkovo II de Saint-Pétersbourg.

Chez Spark, on fabrique des avions et surtout des hélicoptères depuis soixante-quinze ans. Récemment, Spark a bénéficié d'une recapitalisation et d'un changement de direction : l'usine a évité la faillite post-soviétique et tourne rond. Elle rénove les hélicoptères de nombreux présidents des pays de l'Est ou du Proche-Orient ; des pilotes étrangers viennent y suivre une formation complémentaire sur des simulateurs de vol dernier cri. Par ailleurs, la municipalité utilise ces engins pour restaurer les statues des anges fixées au sommet des flèches de plusieurs cathédrales de la ville, opérations spectaculaires qui assurent à elles seules la notoriété des usines Spark.

Irina s'occupe des relations avec la presse. Pour le jubilé, elle a vu les choses en grand : la presse écrite et la télévision sont de la partie. Mais surtout, il y a les vétérans, ceux qui ont passé vingt, trente, quarante ans sur les chaînes de montage. L'usine a tenu à les associer aux festivités. Les vieux messieurs et les dames à manteau beige se tombent dans les bras. Les larmes ne sont pas loin. Le nouveau responsable du personnel les accueille avec un grand discours et un petit verre : "Dans un hélicoptère, il faut être attentif à chaque boulon et à chaque fil électrique. Et vous les vétérans, vous êtes comme ces boulons. Chacun d'entre vous est important."

Puis, très vite, on passe au plat de résistance : la visite des nouveaux locaux. Avec fierté, on montre les dernières machines acquises par l'usine. Les vétérans s'extasient devant les nouveaux sanitaires. On rit, on blague. L'ambiance est familiale. Et c'est vrai qu'à l'époque soviétique l'usine était la grande famille. On y trouvait ses amis ; on y jouait aux échecs dans des clubs d'ouvriers ; on partait en vacances ensemble en Crimée. Certains s'y sont même mariés.

Tandis que les vétérans continuent la visite, un journaliste étranger tente de poser quelques questions à des ouvriers occupés à jouer aux dominos dans la cour. Mais les gaillards ne sont pas causants. Les visages restent de marbre face au micro. Peu après, le responsable du personnel vient les sermonner : "Pourquoi n'avez-vous rien osé dire ? On n'est plus à l'époque soviétique, voyons !"

Pénombre envoûtante du *Musée des Rêves* .

M 3 8
17.5
115

LE CABINET DES RÊVES

L'extrémité de l'île Basile est peuplée de HLM construites à l'époque soviétique. Les rues régulières et les espaces vides entre les immeubles laissent passer le vent du golfe. Le paysage inspire l'ennui aux touristes égarés. Qui pourrait supposer que derrière les murs grisâtres vous attend un foyer douillet rempli d'œuvres d'art ?

Les propriétaires s'appellent Olessia et Victor. Ils vous accueillent avec du thé servi dans des tasses japonaises, tandis que Basile, leur chat argenté aux yeux bleus, ronronne entre une pile de disques d'opéra et une autre de techno. Avec eux, tout sujet devient matière à réflexion : la violence des films d'action, les bizarreries linguistiques, l'architecture des zoos au XIXe siècle ou les rituels dans la campagne russe. Cette approche ouverte et éclectique a donné naissance il y a une dizaine d'années au magazine *Kabinet*, une plate-forme pour scientifiques, philosophes (Derrida, Lyotard, Prigogine...), psychiatres et historiens de l'art. D'ailleurs, l'atmosphère de leur appartement a quelque chose du cabinet capitonné où les idées s'entrelacent comme des motifs floraux. Sauf qu'ici les basses entêtantes de la musique électro-pop diffusée en sourdine rappellent qu'Olessia et Victor vivent avec leur temps.

Sur les papiers peints à la mode soviétique, les peintures d'artistes pétersbourgeois cohabitent avec les souvenirs, photos, calendriers illustrés... “Notre maison a un esprit pin-up !” lance Olessia en rigolant. Historienne d'art de formation, elle collabore avec les artistes pétersbourgeois les plus reconnus. Chez elle, les œuvres d'art font partie de la vie quotidienne. Ici, elles revêtent un caractère plus intime. Au-dessus du lit conjugal est accroché un petit dessin réalisé par un illustrateur moscovite : un groupe de pionniers studieusement penchés sur un livre tandis qu'une jeune femme, leur chef, montre du doigt une figure qui n'est autre qu'un phallus. Lorsque ses beaux-parents viennent en visite, Olessia est obligée de décrocher le tableau...

Dans le bureau d'environ quatre mètres carrés, un panneau les rappelle à l'ordre : "Sois vigilant" est-il écrit en grosses lettres au-dessus de l'ordinateur. Cette œuvre de Sergei Bougaev-Afrika (un des dix artistes les plus célèbres de Saint-Pétersbourg) renvoie aussi bien aux slogans de l'époque soviétique qu'au monde actuel, où la manipulation des cerveaux peut se faire à travers les nouveaux médias. À côté sont accrochées plusieurs images tirées d'une photocopieuse. Une œuvre de Braha Ettinger qui utilise les taches et les griffures apparaissant sur le papier comme le négatif d'une âme déchirée. Cette thématique des souffrances intérieures surgit aussi dans un dessin de Louise Bourgeois, représentant trois silhouettes courbées, dédicacé par l'artiste.

"Le traumatisme psychologique, explique Olessia, peut devenir pour l'artiste le moteur de sa créativité. Généralement, ce traumatisme existe en chacun de nous et fait de nous ce que nous sommes, des êtres humains. Ce phénomène est bien décrit par Dostoïevski. Ce n'est pas le bonheur qui nous définit, mais les traumatismes."

Les blessures de la Seconde Guerre mondiale restent parmi les traumatismes collectifs qui continuent à ronger les générations postérieures. Pour Victor, la réflexion sur le passé est d'autant plus aiguë que, étant de nationalité juive, il a reçu son prénom d'un soldat russe tombé au combat. Son intérêt pour la psychanalyse a été provoqué par le désir de connaître son identité, constituée entre autres et sans qu'il le veuille des souvenirs de ses parents. Durant ses déplacements en Europe et en Russie, Victor a observé deux approches radicales face aux traumatismes collectifs. Celle pratiquée en Allemagne consiste à remuer constamment le sentiment de culpabilité. "Le sens moral de cette approche est de maintenir vivace la mémoire chez les plus jeunes, d'initier les nouvelles générations à la culpabilité. Cette façon de commémorer reste très ambiguë. L'attitude inverse consiste à tout faire tomber dans l'oubli ; ce qu'on pourrait appeler l''approche russe'. Après la chute du régime soviétique, on parlait beaucoup de la nécessité de se repentir. Mais dix ans après, on pose la question autrement : 'Pourquoi faut-il absolument se souvenir des atrocités de Staline ?' C'est pourquoi je doute qu'un jour un musée consacré au goulag voie le jour. Les Russes ne vont jamais maintenir le sentiment de culpabilité éternellement et à l'échelle nationale."

Victor oppose prudemment à tous les mouvements collectifs la réflexion personnelle et le doute. C'est pourquoi il n'est ni communiste ni patriote. Il n'a rien contre les monuments, mais il refuse de participer aux rites collectifs de commémoration. Par ailleurs, il se méfie comme la peste des idoles, parce que tôt ou tard elles s'effondrent. "À cet égard, commente-t-il, l'histoire post-soviétique est une succession de déceptions. D'abord, il y a eu la déception par rapport au passé soviétique qui a entraîné la dévalorisation de générations entières. Mes parents se sont retrouvés dans ce cas de figure. Ils ont le sentiment d'avoir vécu pour rien, parce qu'ils ont vécu sous le régime communiste ! La deuxième déception s'est produite par rapport à l'Occident, qu'on a trop idéalisé."

Tout en gardant une distance critique face aux idéologies, Victor et Olessia ne s'enferment pas pour autant dans l'individualisme. La meilleure preuve en est le musée qu'ils ont créé ensemble. Grâce à leur enthousiasme, à leur énergie et à l'appui d'amis artistes, une des institutions les plus insolites de Saint-Pétersbourg a vu le jour, le musée des Rêves du Dr Freud. Inauguré en 1999, à l'occasion du centième anniversaire de la publication de *Interprétation des rêves*, ce petit musée ne contient aucun objet qui pourrait témoigner de la présence physique de l'illustre Viennois. Freud n'a en effet jamais mis les pieds à Saint-Pétersbourg. Il s'agit plutôt de la réalité psychique, tissée d'idées, de rêves et de désirs... Après avoir franchi l'antichambre, le visiteur pénètre dans un tunnel plongé dans la pénombre. De longues vitrines intriguent le regard. Les surfaces à demi-transparentes reflètent et déforment l'espace. L'œil se perd dans les profondeurs des vitrines d'où surgissent des images et des extraits du célèbre ouvrage. "Toutes ces images et ces mots forment le rêve virtuel de Freud, c'est-à-dire le rêve qu'il aurait pu faire, explique Victor. Pénétrer dans le monde intérieur de l'autre nous projette dans notre propre monde intérieur."

Dans les vitrines, les divinités grecques, égyptiennes et romaines dialoguent sur des panneaux lumineux. Elles rappellent sous forme allégorique les aspects

ГОЛУБЫМ
БЕЙ

fondamentaux de la vie de l'âme. Le dieu Thot, représenté sous la forme d'un singe assis, symbolise l'harmonie entre les sentiments et la raison. La figurine résume bien la démarche des deux créateurs et pourrait servir d'emblème à leur couple.
Victor et Olessia animent le musée en y organisant des conférences et des expositions temporaires (photos, dessins, multimédia) dont les vernissages sont très courus. Le musée des Rêves s'inscrit dans le paysage pétersbourgeois d'une façon intrinsèque : la ville est autant bâtie par les mythes et les rêves que par les architectes. Par ailleurs, pour ces deux intellectuels, Saint-Pétersbourg se présente comme un puzzle construit de toutes pièces. Son histoire n'est qu'une succession de narrations et d'interprétations. Le directeur du musée des Rêves considère qu'il faut commencer la compréhension de Saint-Pétersbourg par la psychopathologie de Pierre le Grand, qui a eu la fâcheuse idée de bâtir sa ville selon un plan géométrique en plein marécage. Olessia cite les autres figures historiques qui ont contribué à l'élaboration de son imagerie : Pouchkine, Dostoïevski, Anna Akhmatova, Joseph Brodsky...
Victor déplore l'enracinement de Saint-Pétersbourg dans son passé architectural. Il se sent plus à l'aise à New York que parmi les jardins à la française. Le conservatisme esthétique atteint son apogée dans la préparation du tricentenaire de la ville. Les rues fraîchement pavées "à l'ancienne", les réverbères dorés et les façades repeintes évoquent à Olessia un passage du *Festin*, de Vladimir Sorokine : "La jeune héroïne prépare son seizième anniversaire, mais elle finit par être mangée par tous les invités, ses parents inclus. La célébration du tricentenaire ressemble à un acte du cannibalisme symbolique, parce qu'on restaure les palais pour mieux les engloutir, puisqu'on attend des dizaines de milliers de visiteurs en 2003."
Curieusement, cette obsession du passé rend les habitants de Saint-Pétersbourg plus sensibles aux témoignages de la modernité. Olessia et Victor ont observé que les premières soirées rave et la musique drum & bass ont surgi à Saint-Pétersbourg et non à Moscou. Il en va de même avec le département d'art contemporain au Musée national russe où travaille Olessia. Il fut le premier du genre dans toute la Russie.

Moins médiatisé en Occident que l'Ermitage, le Musée national russe n'en est pas moins le deuxième musée de Saint-Pétersbourg, doté d'une collection impériale exclusivement consacrée à l'art russe, riche d'environ 400 000 œuvres. Les icônes, les tableaux de maîtres du XIXe siècle et l'avant-garde du début du XXe siècle dialoguent dans ce haut lieu du patrimoine. Dès 1920, Nicolaï Pounine[1] fonde une collection d'œuvres contemporaines : suprématistes et constructivistes y furent les bienvenus. Mais dix ans plus tard, le réalisme socialiste étant décrété seul art officiel, l'avant-garde devient inaccessible au public. Enfin, le vent de la perestroïka change l'attitude de la société face à l'art contemporain. Ce tournant est marqué par une exposition proposée par l'ancien directeur du Centre Pompidou de Paris. Pour la première fois au Musée national russe, des artistes contemporains américains, français et russes ont le droit d'installer eux-mêmes leurs œuvres dans le musée. Certaines installations que les néophytes pourraient confondre avec des tas d'ordures (!) ont suscité des réactions outrées. Une autre fois, les gardiens ont rédigé une lettre collective au directeur pour se plaindre du fait que des photos provocatrices et des icônes étaient exposées dans le même musée. Néanmoins, l'art contemporain fait désormais partie de la vie culturelle à Saint-Pétersbourg, ce qui est une immense victoire aux yeux d'Olessia. Elle a pu constater que "la frontière entre artistes russes et étrangers s'efface. Certains artistes russes utilisent les drapeaux soviétiques au même titre que les hiéroglyphes égyptiens ou n'importe quel autre signe. Les thèmes proposés ne sont plus spécifiques à ce qu'on appelait le 'bloc de l'Est'.

Cette multitude de langages et de valeurs fait de Saint-Pétersbourg une ville ouverte sur la scène internationale. Les tensions entre les adeptes de l'esprit classique et les modernes rendent la vie encore plus intense, pleine d'interactions. D'ailleurs, c'est une des raisons pour lesquelles Olessia et Victor restent fortement attachés à leur ville, dont les mœurs oscillent entre les codes sociaux européens et une plus grande spontanéité. Dès les premiers jours de l'été, les robes raccourcissent et l'allure des passants devient de plus en plus insouciante. La bouteille de bière à la main, les artistes, les bandits, les universitaires, les businessmen, les écoliers et les balayeurs remplissent les rues de leurs rêves et de leurs désirs.

1. Historien de l'art, le deuxième mari d'Anna Akhmatova.

Au fond de la chaufferie, Dimitri a installé sa table d'écrivain.

MONSIEUR LE VENT

À travers un petit trou pratiqué en soufflant sur la vitre givrée du bus, on découvre le Nord. La neige s'est entassée en collines le long des avenues ; une couche de givre recouvre les muscles noueux des atlantes de pierre ; d'immenses stalactites de glace pendent au bord des toits et menacent les passants emmitouflés comme autant d'épées de Damoclès ; le thermomètre tutoie les moins vingt degrés depuis plusieurs semaines, transformant les trottoirs en patinoires et la Neva en une mer de glace posée au centre-ville. Quant au soleil, il se lève timidement vers dix heures du matin, monte à peine plus haut que les toits des maisons basses et retombe derrière l'horizon au milieu de l'après-midi.

> "Dehors il pleut et il vente
> La rivière débordera peut-être,
> Les gens se dépassent en courant
> J'entends les clapotis de leurs pas,
> Par mauvais temps on vit plus vite.
> L'eau bat le rythme
> Et le soleil se cache à l'intérieur des gens,
> Il brûle doucement dans leur cœur
> Et réchauffe ceux qui sont au courant."

Dimitri Grigoriev, *Les Notes au bord de la route*

Dimitri travaille dans la chaufferie d'une école, dans le quartier de l'Amirauté. Écrivain d'une quarantaine d'années, il passe la moitié de ses journées au sous-sol, dans une pièce minuscule au bout d'un corridor interminable. Un vieil ordinateur portable, une bouilloire électrique, une douche bricolée derrière les citernes ventrues et personne pour le déranger : que demander de mieux ? Du temps de l'URSS déjà, les chaufferies étaient convoitées par les artistes dissidents pour gagner un peu d'argent et avoir du temps libre pour se consacrer à leur création. Peintres, rockers, écrivains composaient la faune habituelle des chaufferies.
Si Dimitri a pu accéder à ce havre de paix, c'est grâce à Ivan Palitch, une figure marquante des années 1960. Après des études en théologie abandonnées pour cause de complications politiques, Ivan Palitch a refusé de s'intégrer dans le système soviétique. Comme il estimait que son devoir était de donner de la chaleur aux gens, il est devenu chef de plusieurs chaufferies de Leningrad ! Peu à peu, il a embauché des gens proches de ses convictions : des intellectuels, des artistes et des écrivains. Dimitri se souvient d'une réunion durant laquelle on se demandait s'il fallait engager un électricien. Alors, Palitch s'est énervé et a crié de sa voix nasillarde : "Dans mon équipe, j'ai quinze diplômés, deux post-grade, et personne ne peut changer une ampoule ? ! C'est pas vrai, ça !" Son franc-parler a marqué toute une génération d'écrivains et de paroliers. Et le jour où il a pris la défense d'un de ses employés contre le KGB l'accusant d'espionnage, son courage est devenu légendaire.

"Il massait les doigts brisés,
Il buvait l'eau de la bouilloire métallique,
Il appelait la mort 'patronne'
Et la vie 'liberté',
Il se baladait à travers le monde
Comme la langue de la cloche magique :
Lorsqu'il vibrait arrivait l'été
Lorsqu'il se taisait venait le froid."

Dimitri Grigoriev, *Les Notes au bord de la route*

La jungle congelée au bord de la Smolenka.

Contrairement au terrier de pierre qui lui sert de lieu de travail, Dimitri est un homme des grands espaces. Ses godasses ont arpenté les routes de l'Inde, de la Chine et de l'Extrême Orient russe. Ancien hippie à la carrure d'ours, il a sillonné le monde de Prague à Pékin en auto-stop. Dans les milieux littéraires pétersbourgeois, sa réputation est celle d'un amoureux de l'herbette ; lui s'en défend, précisant même qu'il n'a "plus roulé un joint depuis au moins un an".
Ses pérégrinations sont devenues tout naturellement matière à fiction. *Monsieur le Vent*, son prochain roman à paraître, raconte la vie d'un musicien ralliant en auto-stop Alma-Ata à Saint-Pétersbourg. En chemin, le musicien multiplie les rencontres et écoute les mille et une histoires des chauffeurs de camion. Dimitri parle en spécialiste : cette route longue de 3 000 kilomètres, il l'a faite une bonne vingtaine de fois !
L'histoire de sa famille n'est pas banale non plus : "Mon grand-père du côté maternel était un sorcier. Il vivait dans un village en Biélorussie. On m'a raconté que lorsque ma mère ne se tenait pas tranquille, il prenait un crapaud et le collait

La chapelle consacrée à Xenia la Bienheureuse transformée en palais de glace.

au plafond en disant : 'Si tu continues, je vais faire la même chose avec toi !' Du côté paternel, mes ancêtres étaient *staroveri*[1]. Mais progressivement, ils sont devenus des commerçants prospères. Mon arrière-arrière-grand-père possédait des immeubles et des magasins au centre de Saint-Pétersbourg. Ses fils sont devenus officiers et ingénieurs. Ils sont presque tous morts dans le cataclysme de 1917. Mon grand-père a survécu par miracle ; il a fait carrière comme spécialiste sur turbines. C'était dans les années 1930. Tout à coup, les services de renseignements ont découvert qu'il était fils de commerçant. Il a donc aussitôt perdu son travail et il est devenu balayeur dans les immeubles qu'avait possédés son père... Finalement, après la guerre, il a réussi à refaire surface. Il est devenu fonctionnaire dans une usine importante."

Dimitri a passé son enfance sur l'île Basile. Comme son père avait fini par obtenir un bon poste, il n'a jamais connu la misère. Ses jeunes années ont été rythmées par les séjours dans les sanatoriums de Crimée et les après-midi d'exploration dans l'immense cimetière de Smolenskoe, situé juste en face de la maison.

1. Religieux très rigoristes d'avant la réforme de l'Église orthodoxe (ndlr).

Smolenskoe est un condensé de l'âme de la ville avec ses héros, ses saints, ses révolutions et son mélange de cultures. Ici, au milieu des arbres centenaires, le promeneur trouvera une église de presque toutes les confessions chrétiennes de l'empire : orthodoxe, arménienne, luthérienne, protestante.
Dimitri pénétrait dans ce "jardin extraordinaire" avec ses copains pour jouer à la guerre parmi les tombes et les nombreuses églises cadenassées. Un jour, avec un ami, ils ont pénétré dans une église arménienne qu'ils prenaient pour un palais abandonné. Bien que des planches aient aveuglé les fenêtres, les deux gamins ont quand même pu se frayer un passage, à la recherche d'un trésor. Mais à l'intérieur, ils sont tombés nez à nez avec une gigantesque statue de bronze, coupée en deux à partir de la taille. "Vues d'en haut, les jambes creuses ressemblaient à deux tunnels noirs. Soudain, on a entendu un bruit. Paniqués, on s'est précipités dehors. Mais j'ai fait un faux mouvement et me voilà tombé dans un des pieds du pantalon... Lorsque j'ai réussi à remonter, j'avais l'impression que le visage moustachu de la statue s'approchait de moi. Complètement terrorisé, j'ai couru jusqu'au bord de la rivière Smolenka."
Qui était ce moustachu ? Dimitri ne l'a jamais su. Peut-être Staline. Ou Dzerjinski. Les moustachus autocrates ne manquaient pas du temps de l'URSS. Mais le plus étonnant, c'est d'imaginer la statue d'un dirigeant soviétique, cisaillée par la taille, entreposée et protégée des intempéries dans une église...
Gamin, il passait aussi des matinées ensoleillées au bord de la Smolenka, la rivière qui traverse le cimetière. Il avait repéré un petit bassin relié à la Smolenka. Construite à l'époque de Pierre le Grand pour réparer les bateaux, cette mare abandonnée depuis belle lurette attisait les rêves de grand large de tous les gamins du quartier. Un jour, ils ont mis la main sur une sorte de plate-forme abandonnée. Il n'a pas fallu plus de cinq secondes pour que celle-ci se transforme en radeau capable de défier les flots. Dimitri a couru chez lui pour chaparder quelques provisions et écrire un mot à l'attention de ses parents : "Je suis parti en Afrique." Il se voyait déjà sortir du golfe, traverser la mer Baltique, et de là plein sud !

"Marchons comme les pêcheurs heureux par les débris
Par les constructions stupides et les grillages minables

Avec nos cannes à pêche et nos crochets
Vers l'eau aux yeux bleus, marchons.

On pêchera les sourires qui viennent des fenêtres ouvertes
On fera l'amorce avec du vin et du ciel
Viens, viens, le petit poisson – on chantera cette chanson
En remuant le temps passé avec les pieds.

Marchons en poussant l'eau avec les mains
Par des vieux arbres, par le vent salé
Vers la mer bleue où le poisson *bananka*
Chante parmi les vagues au lever du soleil."

Les années ont passé et Dimitri est vraiment parti en voyage. En Inde et en Chine, puis il est revenu dans sa ville natale. De temps en temps, il revient sur les bords de la Smolenka, visiter son enfance et prendre des nouvelles des gigantesques saules pleureurs gardant la berge. À ses yeux, ces arbres aux branches noueuses revêtent un mystère. Ils symbolisent Saint-Pétersbourg qui se transforme, meurt et souffre jusqu'à ce que de nouvelles branches poussent à leur tour.
En été, les gens s'arrêtent ici, seuls ou en famille, pour griller quelques chachliks savoureux, ou simplement boire une Baltika, la bière qu'on trouve dans n'importe quel kiosque de Saint-Pétersbourg. Dimitri est devenu un témoin attentif du passage du temps. Il connaît les histoires qui sommeillent derrière chaque lieu. Dans le cimetière de Smolenskoe par exemple, il a repéré des tombes contradictoires : celles des victimes d'attentats à la bombe commis par les anarchistes d'avant la Révolution côtoient celles de dirigeants bolcheviks d'après la Révolution. Il s'arrête également devant quelques tombes célèbres, comme celle du poète Alexandre Blok. "Sa tombe a souvent été déplacée. En Russie, il existe une mode consistant à ré-enterrer les défunts. Par exemple, la tombe du poète ukrainien Tarass Chevtchenko. D'abord, il a été enterré ici. Après un certain temps, les autorités ont décidé qu'il devait être ramené dans sa patrie. Alors, son corps a été sorti de la tombe, transporté dans un cortège funéraire le long de la

Les berges du golfe de Finlande vêtus de blanc.

perspective Nevski vers la gare, mis dans un train et envoyé en Ukraine. C'était au XIXe siècle. Oui, les cadavres aiment bien voyager, chez nous. À ce propos, il y a une autre histoire célèbre liée à ce cimetière. Pendant une des nombreuses inondations qui ont frappé Saint-Pétersbourg, le cimetière a été terriblement dévasté par l'eau, beaucoup de cercueils ont même été emportés par la Neva. Une veuve qui avait enterré son mari la veille s'amusait déjà avec son nouvel amant. Tout à coup, les volets de la chambre se sont ouverts avec un bruit effrayant et le cercueil de son mari est entré en flottant sur les vagues. C'est un fait historique décrit dans de nombreux documents."

L'église baroque dans laquelle les funérailles d'Alexandre Blok ont été célébrées est encore debout. À l'époque soviétique, on y avait installé une pompe à eau. Dans les années 1990, on a décidé de la restaurer. Mais les échafaudages rouillent depuis deux ans sans que rien ne se passe, faute d'argent.

Enfin, Dimitri ne manque jamais une visite à la chapelle consacrée à Xénia la Bienheureuse, sans doute le lieu le plus émouvant du cimetière. Des messages griffonnés sur des petits papiers colorés jonchent les alentours. Parfois des offrandes sont appuyées contre les murs, comme s'il s'agissait d'un culte païen. Car selon la tradition, Xénia aide ceux qui sont en difficulté. Les messages ne demandent pas le paradis ou la vie éternelle. Ça, c'est bon pour la messe. À la gentille sainte, on demande du concret : "Xénia, aide-moi à passer mes examens", "Xénia, aide-moi à guérir", "Aide-moi à trouver un bon mari". "Xénia la Bienheureuse et Johan Kronchtadski sont les deux saints à avoir réellement vécu à Saint-Pétersbourg. Par exemple, on sait que Xénia aidait les ouvriers des chantiers en portant elle-même les pierres pour la construction d'une cathédrale. Son destin est très intéressant. Elle est devenue *iurodivi*[2]. Elle avait des dons de guérison."

Au plus profond de l'hiver, au volant de sa Jiguli fatiguée, Dimitri descend parfois jusqu'au bord du golfe. Il arrête la voiture sur la plage déserte. Ses bottes crissent sur la neige. Devant lui l'attend un spectacle à couper le souffle. Le grand blanc s'étend à perte de vue. S'il n'y avait pas l'île de Kronstadt pour émerger de la brume dans le lointain, on se croirait débarqué au pôle Nord. La très faible profondeur du golfe de Finlande jusqu'à plusieurs kilomètres de la côte permet au gel de le métamorphoser en véritable banquise.

2. C'est-à-dire "illuminée" et donc très respectée (ndlr).

Une alarme de voiture retentit dans une rue perpendiculaire. Ce son strident et répétitif d'une durée oscillant entre cinq minutes et une nuit, plus personne ne le remarque. Il est devenu le leitmotiv de la société postsoviétique. Dimitri reprend sa balade. Il glisse une cassette de Bob Marley et sifflote en tapant sur le volant. La voiture longe les quais. Les colonnades pastel des palais des bords de la Neva défilent en accéléré. La Jiguli passe devant la statue de Krusenstern, célèbre explorateur russe. La sculpture se trouve juste en face de l'École des marins. À la fin de chaque année académique, les élèves prennent soin de leur idole : ils lui passent un pull rayé bleu et blanc pour célébrer le début de leur carrière professionnelle. L'écrivain connaît une autre tradition, concernant cette fois le célèbre monument de Pierre le Grand à cheval, que Pouchkine a mis en scène dans un de ses poèmes les plus fameux. Chaque année, les cadets de l'école militaire viennent nettoyer les parties génitales du cheval. Et ils frottent jusqu'à ce que ça brille ! Pour s'amuser, Dimitri emprunte à présent... un tunnel. Le seul et unique tunnel de la ville, menant à l'île de Kanonersky. Bien sûr, tous les guides expliquent que Saint-Pétersbourg fut bâtie sur un marécage et que, de ce fait, il n'existe aucun vallon ni colline. Mais en roulant dans ce boyau mal éclairé, on le voit concrètement. En somme, pour Dimitri, la tombe d'Alexandre Blok, une église baroque ou un tunnel sont également intéressants. Chacun raconte la ville à sa façon. Avec lui, le voyage commence au coin de la rue. Pas besoin d'aller en Chine pour se retrouver ailleurs : les friches industrielles et les vieux quartiers suffisent largement. De l'autre côté du tunnel, on est aux antipodes de la "zone touristique". Des hangars immobiles, des navires rouillés pris dans la glace, une route défoncée et quelques barres de logements à loyer modéré : telle est la réalité quotidienne de beaucoup de Pétersbourgeois. Au centre de ce paysage fumant, bariolé de diverses teintes de gris, trône une cheminée qui tutoie les nuages. Dimitri est monté plusieurs fois au sommet. De là-haut, par temps clair, on discerne le monastère de la Laure Alexandre Nevski, à l'autre bout de la ville. Mais aujourd'hui, les moins vingt-quatre degrés qu'indique le thermomètre freinent ses ardeurs exploratrices. Dimitri décide de revenir vers l'île Basile et de finir sa promenade devant une assiette de *pelmeni* arrosés d'un verre de cognac (pour changer un peu). Ses yeux brillent de mille souvenirs.

La tombe d'Alexandre Blok se trouve dans le cimetière de Smolenskoe.

UNE MAITRESSE PAS COMME LES AUTRES

Anna travaille dans l'ancien palais dont la majestueuse colonnade se reflète dans les eaux de la Fontanka. Dans un des pavillons du palais Anitchkov se trouve le lycée, où les enfants des familles plutôt riches sont censés acquérir une bonne éducation. En tout cas, la beauté austère du palais devrait inspirer les chères têtes blondes. Autrefois, des bals masqués s'y déroulaient et il n'était pas rare d'y voir Pouchkine valser. Construit au XVIIIe siècle par la fille de Pierre le Grand, le palais a fait le tour des favoris des tsarines et a abrité plusieurs générations de la famille impériale. La Révolution a transformé la noble demeure en palais pour la jeunesse. Les enfants s'y retrouvent pour faire du théâtre, construire des modèles d'avions, danser en tutu ou découvrir les lois de la physique en dehors des classes...
Anna enseigne l'anglais aux futurs bacheliers pétersbourgeois. Il est parfois possible de résumer les gens en un seul mot. Anna est un regard. Intense, profond et farouche. Encadré par une chevelure noir ébène, son regard s'impose à vous. Elle avoue que l'enseignement de la langue étrangère n'est qu'un prétexte dans sa vie professionnelle. Dans le fond, elle tente d'ouvrir l'esprit des élèves. C'est la tâche à laquelle elle consacre toute son énergie. L'enseignement de l'anglais lui permet d'aborder n'importe quel sujet en classe. Et parfois les discussions deviennent ardentes. “Un de mes ados a déclaré que les Anglais et les Américains étaient tous des cons. Il a dit ça à la suite d'une mauvaise expérience de colocation dans le cadre d'un échange international. Les anglophones qui habitaient dans son appartement lui posaient toujours la même question :

'Quoi ? Tu es russe et tu n'as pas d'ours à la maison ?' Une jeune fille dans ma classe a répondu que, parmi les Russes, il y a aussi plein d'imbéciles. Peu à peu, une discussion en anglais s'est installée sur le thème : peut-on juger une nation entière à partir d'un de ses représentants ?"

Dans ces conditions, l'échange et la communication revêtent plus d'importance aux yeux de la maîtresse que les bonnes notes et la réussite aux examens. Anna essaie de briser la passivité des élèves pour les faire réfléchir par eux-mêmes. Ce n'est pas toujours facile ; lorsqu'elle demande d'exprimer leur opinion, certains répondent : "Qu'est-ce que je dois penser sur ce sujet ?"

"Je crois que c'est le problème essentiel de notre époque : les gens pensent que le sens de la vie se résume à se faire plaisir et à atteindre à tout prix le confort personnel. J'essaie de m'opposer à cet état d'esprit... Mon rôle est de faire grandir leur personnalité ; de faire sortir ce que chacun porte en lui et leur apprendre à se regarder les uns les autres."

L'attitude d'Anna vis-à-vis de l'éducation se révèle précieuse car la société russe d'aujourd'hui est gangrenée par les abus du pouvoir et l'irresponsabilité. Cependant, l'administration du lycée Anitchkov ne partage pas son point de vue. Ses supérieurs la trouvent "baba cool". C'est pourquoi on lui a retiré sa fonction de maître de classe, pour la "reléguer" au rang d'enseignante d'anglais à temps partiel. Anna a haussé les épaules et n'en continue pas moins de combattre l'esprit de compétition qui envahit la mentalité des jeunes Russes à une vitesse phénoménale. Elle rêve d'ouvrir sa propre école pour les enfants issus de différentes cultures, avec "tolérance" pour maître mot.

À peine âgée de quarante ans, Anna a conscience d'appartenir à une autre génération. Le système de pensée des adolescents est complètement différent du sien. Concrètement, il lui est devenu impossible d'interdire quelque chose à un élève sans lui expliquer pourquoi. Mais au-delà de ces désagréments au travail, le grand bouleversement a eu lieu dans la manière même dont les adolescents abordent la vie. Aujourd'hui, il n'y a plus de système soviétique avec sa cohorte d'interdits auxquels on pouvait s'opposer intellectuellement. De même que s'est évanouie la solidarité des uns envers les autres, créée par le sentiment d'être "dans le même bateau".

"La thèse de notre génération c'était : 'Être pauvre mais fier', résume Anna. Aujourd'hui cela ne fonctionne plus. Personne ne va te respecter pour les richesses de ton âme, si tu as les souliers troués. Aujourd'hui, on ne peut pas se permettre le luxe d'être pauvre."
Le paradoxe, c'est qu'une majorité de Russes vit avec 100 dollars par mois. Pourtant, les gamins ne rêvent que de porter des vêtements de marque qui coûtent exactement le même prix qu'à Paris ou à Londres. Que s'est-il passé ? Les campagnes de publicité organisées par les grands fabricants débarqués de l'Ouest depuis quelques années ont transformé les 15-25 ans en véritables victimes de la mode. Et des changements plus profonds se sont aussi opérés. Les notions d'efficacité et de gestion de son emploi du temps ont débarqué dans

05
MILL

la vie sociale. C'est peut-être difficile à imaginer, mais un objet aussi banal qu'un agenda n'existe que depuis une dizaine d'années en Russie. Autre nouveauté : le curriculum vitæ. Avant 1991, le Parti communiste distribuait le travail. À présent, on exige des gens d'être compétitifs. Et une expression aussi courante que : "C'est bon pour mon CV" est toute nouvelle en Russie.

Anna sait qu'il n'y aura pas de retour en arrière. Elle tente simplement à son niveau d'inculquer d'autres valeurs à ses élèves. Et cela sans recourir aux grands discours humanistes. Du temps où elle était responsable de sa classe, elle a organisé de nombreux voyages avec ses élèves. Non pas dans les grandes capitales européennes, mais en Russie. Elle choisissait de préférence les petites villes de province.

"La plupart de mes élèves, raconte-t-elle, n'arrêtent pas de parler de la 'grande Russie' parce qu'ils entendent tous les jours les discours patriotiques à la radio et à la télévision. Mais que savent-ils de cette Russie ? Rien. Alors nous avons fait des voyages à Iaroslavl, à Ouglitch ou Rostov... Et là, ils ont vu ce que c'est la Russie. Par exemple, une flaque d'eau de cinq kilomètres avait envahi la vieille ville d'Ouglitch, où rien n'a changé depuis le XIIIe siècle. L'année passée, ils m'ont demandé d'aller plus loin. Nous avons pris le train jusqu'à Smolensk. Mon idée consiste à les faire s'ouvrir au monde qui les entoure. Ils sont enfermés dans un système scolaire plutôt rigide. En plus, la ville de Saint-Pétersbourg est assez élitiste par rapport au reste du pays."

Ce qu'ils ont découvert, c'est tout simplement la réalité. Celle qui se cache derrière les idéaux et les belles paroles. Pour la première fois de leur vie peut-être, ces adolescents ont discuté avec des provinciaux qui constituent les trois quarts de la population russe, estimée à 145 millions d'habitants. Pour beaucoup de ces enfants aisés, la bulle de luxe entretenue par leurs parents s'est volatilisée d'un coup.

Durant une des excursions à Smolensk, le groupe en a profité pour se rendre à Katyn, là où l'armée soviétique, sur ordre de Staline, a fusillé 4 000 officiers polonais, prétendument pour collaboration avec les fascistes. Anna a parlé avec ses élèves du sentiment de culpabilité ressenti par beaucoup de jeunes Allemands envers les crimes du passé. Plusieurs élèves russes ont ressenti la même chose.

< Cyril appartient à la première génération qui n'a pas eu Lénine pour grand-père

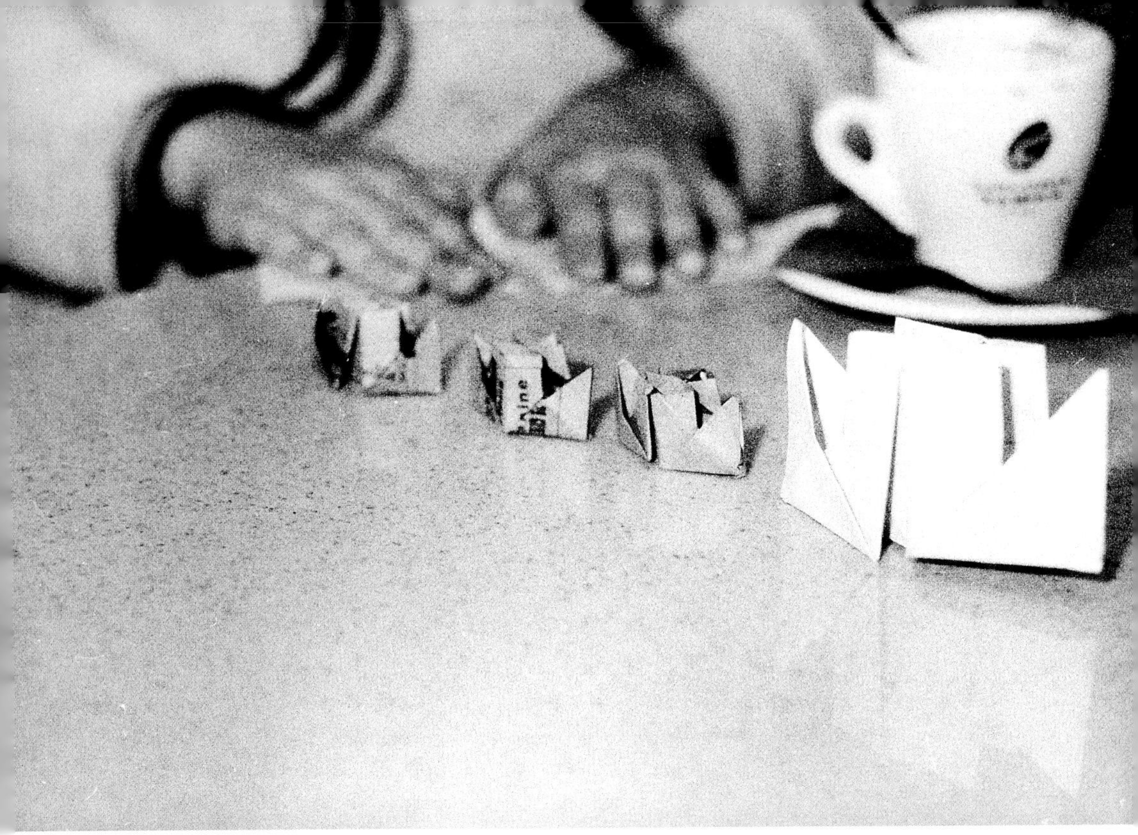

Quand on est présent sur les lieux d'une tragédie, même vieille de cinquante ans, on la ressent avec beaucoup plus d'intensité.
Ce voyage dans le passé s'est révélé très utile à la lumière des deux guerres récentes en Tchétchénie. La première fut sévèrement critiquée dans les médias. Mais la seconde, du fait du musellement de la presse par le Kremlin (fermetures successives des chaînes de télévision indépendantes NTV et TV6, de journaux et de sites Internet), n'est vue qu'à travers le prisme de la propagande.
Ses élèves ont compris que la guerre en Tchétchénie n'est pas une chose abstraite menée par un État abstrait. Ils se sont sentis concernés. Leur maîtresse juge incorrect de se débarrasser de cette responsabilité et de mettre toutes les fautes sur le dos de Poutine.
"Mais qu'est-ce qu'on peut faire pour ces victimes de la guerre ? interrogent les élèves.
– Penser à eux, leur répond-elle. Pensez que, au moment où vous êtes dans cette classe, il y a un enfant qui rentre de l'école et retrouve sa maison en ruine. La

seule chose que nous sommes capables de faire, c'est de ne pas l'oublier."
Les cours sont finis. Anna accompagne ses deux enfants, Kyril, âgé de dix ans, et Xénia, treize ans, dans leur jardin préféré, derrière le Musée russe. Même en hiver, ce parc est très fréquenté pour la "montagne", un immense toboggan sur lequel on descend sur une luge en plastique. Dès seize heures, les ampoules multicolores illuminent les frimousses ravies des dizaines de gamins qui se lancent sur le toboggan en hurlant. Dans le crépuscule, Kyril, entouré d'une petite bande de copains, fait ses confidences, rayonnant : "J'ai deux preuves de l'existence du Père Noël, vous savez. Une fois, on faisait du patin à glace avec un copain. Tout à coup, nos deux noms sont apparus gravés sur la glace. C'était incroyable. Je pense que c'était un coup du Père Noël ! Une autre fois, j'ai aperçu une ombre derrière un rideau, puis quand j'ai tiré dessus, l'ombre avait disparu. À la place, il y avait un tas de cadeaux. Je parie que le Père Noël existe !"
Anna regarde son fils avec tendresse. Elle ne veut pas détruire le mystère.

ВЕСЬ МИР

MILLE ET UNE PASSIONS

Chapka sur la tête et sourire malicieux aux lèvres, Michael déambule lentement dans les allées du marché populaire balayées par le vent. Des manteaux polonais, des chaussures coréennes, des chapeaux chinois et des lainages ouzbeks attendent preneur. C'est une pagaille très structurée. Les marchandises ondulent dans le vent d'hiver, tandis que les babouchkas vendant des foulards colorés ont l'air de vous supplier d'acheter quelque chose pour pouvoir rentrer chez elles se réchauffer.

Dans ce contexte cosmopolite, Michael se sent chez lui. D'ailleurs, lui-même est écossais. Après des études à Édimbourg, Michael a vécu quelques années à Moscou, avant de s'installer à Saint-Pétersbourg. Par le biais de l'organisation britannique Children in Crisis, il a trouvé une place dans une ONG russe s'occupant d'enfants abandonnés. Parmi ses collègues, il compte beaucoup d'Allemands, car Berlin reste le partenaire privilégié de la Russie dans le domaine social. Non seulement les volontaires allemands y font souvent leur service militaire alternatif, mais il y a aussi ceux qui s'engagent spontanément dans des programmes de coopération.

Construite en grande partie par des architectes italiens, français et anglais invités par les tsars, Saint-Pétersbourg est cosmopolite dans son essence même. Les Européens y découvrent leur culture implantée dans un contexte géographique différent.

Le café Bogart, près de la perspective Nevski, les bains "soviétiques" (c'est-à-dire sans luxe ni chichis) et le marché populaire font désormais partie des lieux préférés de Michael. Son humour anglais en version russe et la maîtrise de l'art

du juron local impressionnent ses amis. En tant que sujet de la Couronne britannique vivant à l'étranger, il reçoit à chaque Noël une carte de vœux signée Sarah Ferguson, la duchesse d'York. La première fois qu'il a ouvert l'enveloppe blanc cassé, il a éclaté de rire. Puis, peu à peu, un sentiment d'appartenance s'est imposé à lui. "Vous savez, explique-t-il, je viens d'un petit village écossais. Là-bas, la personne la plus instruite devient facteur... Mais paradoxalement, j'ai découvert mes racines écossaises à Saint-Pétersbourg. Ici, pour la première fois, je me suis senti provenir de quelque part."
Grand amoureux du kitch, Michael collectionne les anciennes photos dénichées chez les antiquaires : des soldats aux moustaches fines en uniforme d'avant la Révolution, des élégantes de l'époque où Nabokov était enfant et des avenues de Saint-Pétersbourg le long desquelles se croisent les attelages. À la fin de l'année passée, il s'est lancé dans la rénovation complète de sa chambre chez l'habitant. En arrachant les anciens papiers peints, il a découvert des trous dans le mur, bourrés de numéros de la *Pravda* datant de 1958. Il a eu de la lecture pour tout le week-end... Ensuite, il a posé des rideaux orange aux fenêtres et a installé

une lampe rouge. Grâce à son penchant pour l'artisanat, ses amis bénéficient toujours de cartes postales faites main. Récemment, il s'est trouvé deux nouvelles passions, le tango argentin et la céramique. Michael s'apprête à faire une série d'assiettes sur le thème des Mille et Une Nuits.

Mais ses yeux s'illuminent vraiment quand on commence à parler d'opéra. Depuis des années, il se rend religieusement au théâtre Marinsky, écouter Prokofiev ou Tchaïkovski. En guise de comparaison, le théâtre Marinsky est l'équivalent de l'Opéra Garnier ou de la Scala de Milan. Sauf qu'ici, l'immense loge du tsar surmontée de l'aigle bicéphale rappelle qu'on se trouve dans la capitale d'un ancien empire. Le rêve de Michael était de travailler un jour dans cette ruche de marbre et de velours employant près de 2 000 personnes. Grâce aux actions de bienfaisance menées en collaboration avec le théâtre Marinsky, il a réussi à se faire engager comme traducteur. S'exprimant aussi bien en allemand qu'en français, il a su faire preuve d'initiative. Et le voilà bientôt coresponsable de la venue de troupes étrangères. Désormais Michael est en contact avec le Covent Garden de Londres. Pour un sujet de la Couronne, belle manière de boucler la boucle.

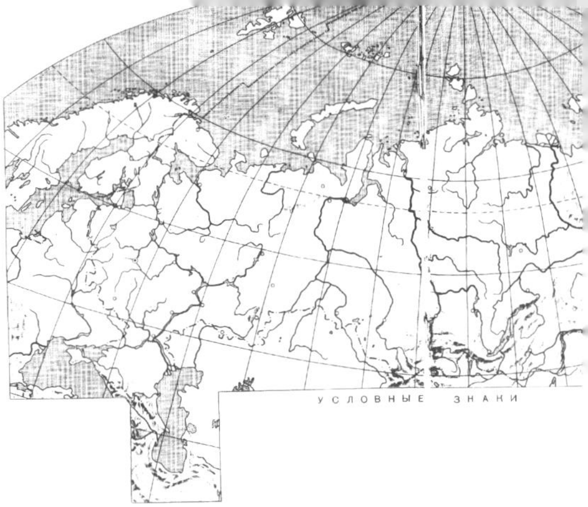

Д N 2 10.0 1.0

UN DONATEUR DISCRET

Il est arrivé de Biélorussie par une triste nuit. C'était il y a dix ans. Saint-Pétersbourg s'appelait encore Leningrad. Dans sa mallette, Sergueï transportait une très grosse somme d'argent. Mais à l'époque, on ne pouvait pas descendre dans un hôtel en tant que particulier, il fallait être membre d'une délégation. Si bien qu'il a déposé sa mallette à la consigne et qu'il a dormi dans la gare.

En 1995, il se retrouve à la tête d'une usine militaire en ruine. La cour intérieure n'est plus qu'un champ de boue sur lequel le concierge a jeté des planches en bois. Et surtout, suite à la chute de l'Union soviétique, les commandes de l'État ont disparu. L'usine produit donc n'importe quoi pour survivre : chaises en métal, casseroles... Malgré la résistance idéologique des hauts fonctionnaires refusant de restructurer l'entreprise et d'introduire l'économie de marché, Sergueï est parvenu à redresser la barre. Il a trouvé des partenaires financiers ; il a restauré la production militaire ; il a racheté d'autres entreprises. Progressivement, il s'est retrouvé à la tête d'un consortium fabriquant des cockpits pour avions et hélicoptères.

Grâce à ses moyens financiers, il a fait venir de Biélorussie sa femme, les amis de sa femme, ainsi que leur famille. Pour que sa femme ne s'ennuie pas ! En ce qui concerne le logement, comme toujours, Sergueï a tout fait lui-même. Il a financé la construction d'une partie du bâtiment, si bien qu'il a eu droit à trois appartements. Les ouvriers ayant travaillé sur le chantier y logent aussi. Sergueï lutte pour garder la maison propre. Mais comme souvent, personne ne fait vraiment attention à la propreté. "Ça" fait partie de la rue et donc "ça" ne concerne pas les locataires. C'est pourquoi aucun ne songerait à changer une ampoule sur son palier ni à nettoyer les marches de l'escalier après avoir laissé tomber une bouteille de bière. D'ailleurs, en Russie, les boîtes aux lettres ne portent aucun

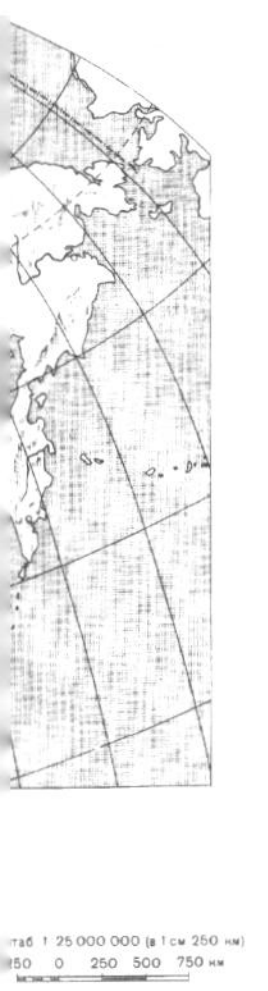

nom, juste un numéro d'appartement. Un anonymat qui favorise le laisser-aller et qui s'étend dans les cours des HLM, au bord des routes et dans les parcs. Ce qui a fait dire à certains voyageurs qu'en Russie les lieux publics ne sont à personne, tandis qu'en Europe de l'Ouest ils sont à tout le monde.

Sergueï a périodiquement restauré la cave et il a acheté des boîtes aux lettres pour tous les locataires. Il a commandé des grilles spéciales pour protéger les ampoules, sinon on les casse ou on les vole. Il a posé de nouvelles portes d'entrée, mais on les a défoncées. Il les a posées de nouveau. Pourquoi ce combat de Sisyphe ? Pourquoi une telle volonté de vivre parmi les gens simples, alors que les villas de luxe n'attendent que des locataires comme lui ?

Sans doute parce que Sergueï sait qu'il n'est pas au-dessus des hommes. En 1986, lui et sa famille se trouvaient sur le passage du nuage rejeté par la centrale de Tchernobyl juste après la catastrophe nucléaire. Sergueï est malade, mais il n'en parle pas. Il ne se plaint pas non plus. Et s'il aide les autres, c'est toujours avec pragmatisme et discrétion. Récemment, il a contribué à la rénovation d'une église au bord de la Neva. Une bâtisse qu'il connaissait bien, puisqu'il y passait devant chaque matin en limousine. Il a aussi acheté des appartements aux familles de marins et a rénové un orphelinat. Dans un autre registre, il a été parmi les premiers sponsors de l'Ermitage. À l'époque, le vénérable musée traversait une période difficile. Sergueï se démenait pour attirer les investisseurs privés, tandis que l'État faisait tout pour interdire cette pratique.

Dans le fond, s'il contribue au bien-être esthétique et social de la ville, c'est parce que ce Biélorusse est un amoureux fou de Saint-Pétersbourg. Il n'hésite pas à affirmer que son classicisme fait du bien à son âme. "Je ne suis pas un homme pauvre, avoue-t-il. J'ai la possibilité de vivre dans n'importe quel endroit du monde. Mais ici, les gens sont extraordinaires. Aux États-Unis, j'ai été effrayé par la mentalité des Américains qui vivent dans un éternel présent. À Moscou, je côtoie les gens du pouvoir et les fonctionnaires. Mais ici, je travaille avec des ouvriers, des intellectuels, des scientifiques ! Malheureusement, il y a aussi beaucoup de marginaux, pour la plupart des immigrés venus des républiques d'ex-Union soviétique. Ils n'ont jamais su s'intégrer. Il faut du savoir-faire pour vivre à Saint-Pétersbourg."

КБГ
Т
500

BUSINESSMAN TOUT-TERRAIN

Boris reçoit ses clients en faisant sauter le bouchon d'un cognac de grande marque pour délier les langues. Dans son bureau, cohabitent drapeau soviétique, œuvre d'art toc, vieille guitare, statuette reçue à l'occasion d'un prix économique et ameublement un peu vieillot. Tout indique que Boris est à la charnière de deux mondes, le soviétique et le néolibéral.

Comme Sergueï, Boris a d'abord fait carrière au comité des jeunesses communistes. Il s'occupait du service de propagande de la maison de la jeunesse : organisation d'événements culturels (concours du meilleur travailleur), sportifs et conférences socio-politiques étaient son pain quotidien. À cette époque, la vie des gens, leur carrière étaient très planifiées. Après l'université, ils étaient envoyés vers une place de travail déjà prévue. Les mots "concurrence", "rendement" et "agenda" n'avaient pas passé la frontière du pays des soviets. À la fin des années 1980, les amis de Boris lui proposent de se lancer dans les affaires. "Businessman", voilà un mot qu'aucun Soviétique ne pensait pouvoir écrire un jour sur sa carte de visite. Parfois, Boris raconte comment il est devenu riche. Son sourire de tyrannosaure finirait presque par vous faire rire, tellement il est franc.

"Quand notre gouvernement a lancé son programme de privatisations, raconte-t-il, j'ai eu l'idée de profiter moi aussi des vouchers que les citoyens recevaient et qui leur permettaient d'acquérir des actions dans différentes entreprises. Un jour, j'ai appris que les habitants de la péninsule de Yamal allaient recevoir de la part de l'État des milliers de vouchers. Comme la population était faible, le gouvernement distribuait beaucoup plus de vouchers par habitant. Il ne fallait pas perdre une seconde. Avec un copain, on a pris le premier avion pour la Sibérie. On s'est retrouvés en costard-cravate dans la toundra."

Tout en parlant, Sergueï observe son interlocuteur. Il mesure les effets de son histoire. Il rajuste avec nonchalance ses boutons de manchette. Puis il enchaîne : "Pour pouvoir bénéficier de ces bons, il fallait être habitant de la région.

On devait donc s'enregistrer. Mais on risquait gros : en faisant ça, on perdait nos droits en tant qu'habitants de Saint-Pétersbourg. En plus, comme partout, c'était très difficile de s'enregistrer. Il fallait officiellement avoir un boulot. Hélas, en 1993, il n'y avait pas de place de travail. On a pensé à un autre moyen, épouser des filles du coin. Mais c'était trop long. Finalement, on a passé une annonce à la télé locale pour acheter un appartement. L'annonce coûtait seulement 3 roubles ! C'était le bon temps. La présentatrice de la télé a même accepté de donner son numéro de téléphone, parce que nous, en attendant de trouver un logement, on créchait dans un jardin d'enfants. Les gens sont extraordinaires, là-bas. On leur dit : 'J'ai besoin de telle chose...' Ils te répondent : 'Tiens !' On a fini par acheter le seul appartement à vendre de toute la péninsule. Et en tant qu'habitants enregistrés, on a reçu nos vouchers."

De retour à Saint-Pétersbourg, Boris et son associé se lancent dans l'immobilier, fondant une des premières coopératives de la ville. À l'époque, la coopérative était considérée comme le premier pas vers une libéralisation du marché. Bien sûr, les agents immobiliers avaient mauvaise réputation, depuis que la presse avait relaté plusieurs cas où toute une famille se retrouvait à la rue après avoir vendu son appartement à des escrocs. D'une façon générale, en Russie, le logement reste le seul véritable bien, l'unique fortune sur laquelle on peut compter. Dès 1997, Boris s'est occupé des appartements communautaires hérités de l'époque soviétique, ces fameux "enfers" selon l'expression de Boulgakov, dans lesquels vivait une famille par chambre. Quand ce n'étaient pas plusieurs par chambre, séparées par des paravents ! Son boulot consistait à reloger les gens dans un autre appartement plus spacieux, en banlieue par exemple, puis de rénover le leur et de le vendre.

"À cette époque, se souvient Boris, les locataires des appartements communautaires sont devenus gonflés. Ils ne voulaient plus déménager, espérant sans cesse qu'on leur ferait une meilleure proposition. Mais finalement, la tendance a changé et ils se sont retrouvés le bec dans l'eau."

C'est-à-dire que les riches n'ont plus cherché à investir dans des appartements du centre-ville en raison de l'état pitoyable des canalisations et du système électrique. Par ailleurs, ils n'aimaient pas croiser des ouvriers dans l'escalier... Un mépris très répandu parmi les "nouveaux riches". Ceux-ci ont donc préféré s'installer dans des bâtiments flambant neufs, équipés du confort maximal (sauna, fitness, parking souterrain).

Aujourd'hui, Boris mène la barque avec aisance. Vacances d'hiver dans les Alpes autrichiennes, prix de la meilleure entreprise immobilière de l'année, il se permet parfois de rembarrer un jeune loup aux dents trop longues à son goût. "Lorsqu'un cadre ambitieux se présente chez moi, après avoir fini son université, en exigeant un salaire de 500 dollars, je préfère engager une ancienne cadre soviétique entre quarante et cinquante ans, sans ambition, très qualifiée et qui ne fera plus d'enfants, pour un salaire beaucoup plus modeste."

Le plus fascinant avec de tels personnages, c'est lorsqu'ils commencent à croire eux-mêmes à leurs histoires. Boris est persuadé de vivre dans un pays où une

véritable classe moyenne s'est formée en l'espace de quelques années, alors que pendant soixante-dix ans les autorités communistes se sont acharnées à l'éliminer. Avec un aplomb confondant, il déclare que de plus en plus de citoyens bénéficient d'un salaire "normal" compris entre 1 000 et 2 000 dollars et ne comprend donc pas ceux qui perdent encore leur temps et leur santé à bosser pour un salaire minable, ne dépassant jamais 200 dollars. Ces clopinettes représentent pourtant le revenu moyen des neuf dixièmes de la population russe. Un enseignant, une infirmière ou un chauffeur de bus gagnent d'ailleurs moins que cela. Quant à la fameuse classe moyenne, elle émerge timidement et ne concerne pour l'instant que 9 % de la population. Et le petit 1 % qui reste ? Ce sont les millionnaires.

L'HUMANISTE DU CAFÉ-BILLARD

En hiver, on vient chez lui à skis de fond. Ou bien en marchant à travers l'immense parc recouvert de poudreuse. Parfois, durant les jours fériés, tel le 8 mars, la promenade est agrémentée de musique classique diffusée par des dizaines de haut-parleurs suspendus dans les branches. Dans ces moments-là, on oublie que le centre-ville est à trois kilomètres à peine. On oublie tout et on profite des points de vue innombrables sur les étangs gelés ; on admire les demeures cossues de style cottage anglais ; on marche dans la forêt et on traverse les pontons jetés sur les canaux. Ce havre de paix adoré des Pétersbourgeois, couramment appelé "les îles", vous emporte loin de vous-même.
Un territoire actuellement menacé par l'appétit des promoteurs immobiliers, qui dévore les lieux publics ou culturels pour les transformer en pompes à fric. Avec eux, une cinémathèque se transforme illico presto en casino-dancing. En ce qui concerne les îles, les promoteurs ont proposé en octobre 2001 de réaménager la partie ouest en un grand parc d'attractions avec casino et hôtels. La municipalité a refusé au profit d'un projet plus modeste visant à développer les structures déjà en place : location de barques en été, petits bistrots et restauration des monuments. La perle des îles, posée au milieu d'une immense clairière, c'est bien sûr le palais Elagine, dessiné par Carlo Rossi. Ses lignes néoclassiques ponctuées par des statues de Diane et de Mercure se découpent dans le ciel bleu depuis 1818. Élevé au rang de propriété impériale, il a accueilli la mère d'Alexandre Ier pendant plusieurs années.

Ingénieur à la retraite, Valery tient le vestiaire d'un café-billard installé dans les écuries du palais. Son sourire courtois et ses gestes maniérés étonnent les clients tandis qu'il les débarrasse de leur manteau enneigé. Sans doute, les Russes venus ici faire une partie de billard, manger un bœuf Stroganoff ou fêter leur mariage ne le remarquent même pas, tant Valery est discret.
Ils ont tort, car il a l'air d'un authentique *intelliguent*, mot difficilement traduisible ne signifiant en tout cas pas "intellectuel". D'un point de vue occidental, *l'intelliguent* pourrait être considéré comme un humaniste. Sa finesse d'esprit et sa sensibilité particulière envers son prochain le distinguent dans la foule ou entre amis. Mais surtout, surtout, un *intelliguent* ne se présentera jamais comme tel, par modestie. Néanmoins, le concept est assez flou pour les Russes eux-mêmes : l'écrivain Tatiana Tolstoï rappelle qu'"un *intelliguent*, aux yeux du peuple, est parfois simplement une personne qui s'essuie les pieds sur le paillasson et ne dit jamais de gros mots".
"Ce n'étaient ni les études ni les diplômes qui définissaient les *intelliguenti*, tente d'expliquer Valery de sa voix calme. C'étaient le sens éthique et la culture intérieure, hérités de la génération d'avant la Révolution. Sincèrement, je crois que cette ville avec son histoire et ses traditions influence le système de pensée : pour moi, par exemple, ses rues régulières ont toujours été un élément indispensable."
Valery se souvient des steppes d'Asie centrale et de Vladivostok, où son métier d'ingénieur l'a contraint à se rendre. Chaque fois, dès que les autochtones apprenaient qu'il venait des bords de la Neva, ils lui réservaient un bon accueil. Les Pétersbourgeois ont toujours été entourés d'une aura de culture. Cette réputation de bonnes manières et de courtoisie tient un peu de la légende, mais, comme toutes les légendes, elle a un fond de vérité. "Malheureusement, soupire Valery accoudé derrière son vestiaire minuscule, beaucoup de ces personnes très cultivées sont mortes pendant le blocus."
Comme souvent avec les habitants de Saint-Pétersbourg, la guerre s'est installée dans la vie de Valery, tel un nuage qui ne quitterait plus l'horizon. Même s'il n'a pas directement connu la guerre, la guerre est là, pour toujours, dans la mémoire de sa famille. Sa grand-mère du côté paternel est une Pétersbourgeoise de

souche. Couturière de formation, elle a vécu le blocus de Leningrad, mais "elle y a perdu la foi", précise le petit-fils. La guerre est aussi présente au quotidien, puisque Valery habite depuis bientôt un demi-siècle une maison construite par les prisonniers de guerre allemands. Avec seulement trois étages, elle diffère radicalement du style soviétique.

Au rythme des boules qui s'entrechoquent au premier étage, Valery égrène ses souvenirs : "Du côté maternel, j'ai des ancêtres ukrainiens installés au Kazakhstan, où d'ailleurs je suis né. Puis on est venus à Leningrad. De mon enfance, je me rappelle qu'on avait tout le temps faim. En 1947, on volait les miches de pain chez le boulanger qui faisait du porte à porte. Ah ! je n'ai jamais goûté du pain aussi bon de ma vie. Je me souviens aussi qu'il y avait plein de patinoires sur les îles. Chacune jouait sa musique. Mes copains et moi, nous nous étions bricolé des patins avec des ficelles et des bâtons. Je rêvais de devenir pilote. Mais j'ai fait des études en électrotechnique."

Sa gorge n'est pas remplie de trémolos nostalgiques. Bien qu'il sorte d'une année funeste, durant laquelle son père et sa femme sont décédés, Valery sait qu'il n'est pas encore à l'automne de sa vie. Pour exercer son esprit et occuper les heures de gardiennage, il planche sur un nouveau système d'éclairage permettant de remplacer l'ampoule ordinaire par une ampoule fonctionnant avec des éléments semi-conducteurs. Il serait alors possible de varier l'intensité de la lumière et même sa couleur... Hélas, le dépôt des brevets pour protéger ses inventions coûte très cher.

Il est fier lorsque les clients du café-billard croient que le mobilier du vestiaire appartient au palais, alors que c'est lui qui l'a fabriqué. Il prépare également un excellent alcool de cassis, et dernièrement il a eu envie de se documenter sur les potagers, afin de s'en aménager un, pour lui et sa mère, qu'il soigne de son mieux avec sa maigre pension et le petit plus qu'il gagne au café-billard. Pour Valery, le goût des choses nouvelles ne tombe pas du ciel. Il le cultive avec patience dans les six bibliothèques municipales auxquelles il est abonné.

Ouvert sur le monde, Valery est un excellent observateur. Derrière le comptoir de son vestiaire, il regarde du coin de l'œil passer ses concitoyens. Des nouveaux riches chaussés avec des souliers valant quinze fois sa pension, des intellos

cyniques, des marins en permission, des journalistes discutant d'une nouvelle galerie qui vient d'ouvrir, tous viennent un jour ou l'autre au café-billard. Valery a suivi avec amusement l'arrivée des téléphones portables. Comme à Saint-Pétersbourg, il n'existe pour l'instant qu'un seul opérateur, il n'y a pas de concurrence et le prix de la communication est stratosphérique. Si bien que les gens ne se parlent qu'une dizaine de secondes : "Salut. Oui, ça me ferait plaisir de te voir. Je te rappelle depuis un téléphone fixe. Au revoir." Ou, beaucoup plus efficace : "Salut. Je te rappelle."
"Malheureusement, critique Valery sans se départir de sa courtoisie habituelle, les gens ont changé et pas pour le bon. Vous comprenez, je respecte une personne pour son intelligence, pour son rapport avec son prochain. Mais je ne peux pas la respecter pour l'argent qu'elle a. Si un homme a consacré toute sa vie à gagner de l'argent, il n'est pas intéressant pour moi car on n'aura pas de quoi parler. L'homme est un être à plusieurs facettes par définition : il a beaucoup de potentiel en lui. Mais 'un spécialiste dans un domaine bien précis ressemble à un abcès', comme disait Cosma Prutkov[1]."

Demain, notre *intelliguent* a congé. Ses yeux se plissent de plaisir : il compte monter à la datcha. Dans sa tête, il accomplit déjà les gestes, comme un rituel. Faire du feu dans la cheminée, allumer la lampe à huile, s'installer dans le seul fauteuil confortable de la pièce et ouvrir un roman d'un de ses auteurs préférés, Stanislav Lem et Ivan Efremov. Autour de la datcha, d'immenses tas de neige étouffent les sons. Valery y passera la nuit, même s'il gèle à l'intérieur. Il suffit de bien se couvrir et d'avoir une réserve de bois pour le lendemain matin. Quand viendra le mois de mars, il ira retrouver sa petite clairière et se mettra au soleil pour attraper les premiers rayons. "Ça paraît simple, sourit Valery. Mais c'est tout ce qu'il me faut dans la vie."

1. Célèbre auteur fictif inventé par un cercle d'écrivains du XIXe siècle qui lui ont fait écrire des aphorismes teintés d'humour.

САЛОН
СЕННАЯ
площадь
ТРОИЦКИЙ
мост

T-200 1400

LES BOUCHES COUSUES

Quand un étranger se présente à la limite de la zone, le premier accepte de le recevoir, puis repousse le rendez-vous, puis rappelle qu'il lui faudra son passe-port pour pénétrer dans l'enceinte, puis prétend avoir mal compris le sens de sa visite et finit par laisser tomber.
Le deuxième accepte de le recevoir chez lui, dans sa famille, mais n'aligne que des généralités et des banalités : "Je n'ai pas à me plaindre. C'est un travail plutôt bien payé."
Le troisième accepte que l'étranger discute avec un de ses subalternes, puis il lui ment en prétendant que le type en question vient de partir, puis il le prie de revenir un autre jour, mais devant son insistance, il finit par s'asseoir face à une table pour affirmer d'un ton matois : "Vous savez, je crois que c'est la première fois que je me retrouve face à un étranger."
Tels sont les marins de Saint-Pétersbourg. À vingt mille lieues des histoires de tempête sur la mer Baltique, de traversée des océans ou de la simple évocation du quotidien sur un brise-glace. Cette incroyable discrétion reflète pourtant une réalité bien tangible. Malgré la présence d'écoles de marine et des élèves qu'on croise dans les rues, à Saint-Pétersbourg, tout se passe comme si le port n'existait pas.

Certes, l'eau de la Neva (large d'un kilomètre au centre-ville) et les nombreux canaux sont très présents dans le quotidien des habitants. Historiquement, le premier pont de la ville ne fut bâti qu'après la mort de Pierre le Grand, car le tsar voulait que les résidants de sa capitale se transforment en marins. Depuis cinquante ans, en été, les ponts sur la Neva se lèvent à trois heures du matin, coupant la ville en deux, tandis qu'en hiver les eaux prises dans la glace permettent aux piétons de franchir le fleuve à pied.
Mais paradoxalement le port ne semble pas concerner les Pétersbourgeois. D'ailleurs, un voyageur pourrait arpenter les rues pendant des semaines sans même se douter que, à six kilomètres à vol de mouette, des tankers, des cargos, des bateaux de pêche accostent, déchargent et chargent des marchandises, ou se font réparer dans de gigantesques hangars. Car la mer Baltique est la première zone européenne en ce qui concerne les échanges commerciaux et Saint-Pétersbourg y tient une place de choix. Des navires arborant le pavillon suédois, allemand, danois, estonien, polonais ou norvégien se croisent ici en un ballet perpétuel. Sans parler des marchandises venant du Chili ou de plus loin.
Seul un brise-glace devenu musée au bout de l'île Basile témoigne d'une des plus belles conquêtes de la marine russe, le pôle Nord.

On commence à comprendre le silence des marins quand on apprend que les eaux du large sont terriblement polluées. Selon Greenpeace, Saint-Pétersbourg est une des sources principales d'éléments toxiques de la mer Baltique. Depuis longtemps, l'eau du robinet n'est plus potable. Dans le port, on construit encore des brise-glace atomiques. Sans doute ne veut-on pas que des curieux s'intéressent de trop près aux activités des docks. Officiellement, les problèmes sont à Mourmansk, c'est-à-dire beaucoup plus au nord, sur la mer de Barents. Les reportages sur les épaves rouillées des sous-marins atomiques ont fait le tour du monde.
En somme, Saint-Pétersbourg tient à préserver son image.
Et surtout, une mentalité du secret héritée de l'époque soviétique pèse sur la zone portuaire. Il y a une dizaine d'années encore, un Pétersbourgeois avait besoin d'un visa pour se rendre sur l'île de Kronstadt, située seulement à quelques milles au large. La flotte des sous-marins y avait élu domicile...

Enchevêtrement métallique sur le pont du Krassin >

Le brise-glace Krassin définitivement pris dans les glaces de la Neva.

En janvier, le port est une gigantesque sculpture figée.

CINQ COINS

Avez-vous déjà vu des tasses sculptées avec des feuilles de thé mouillé ? et des lettres de l'alphabet trouvées pendant la promenade sur des branches mortes ? Toutes ces curiosités et encore bien d'autres se trouvent chez Olga, sur la perspective Liteiny.

Sous des plafonds d'une hauteur de cyclope, on découvre des abat-jour faits avec des feuilles et des pétales de fleurs séchées. Leurs ombres projetées sur les murs ressemblent aux décors d'un théâtre. Un immense papillon couvert de coquillages s'est posé dans le couloir de l'appartement communautaire. Les voisins d'Olga la trouvent farfelue, mais ne s'opposent pas à une telle expansion d'œuvres d'art brut.

Musicienne de formation, Olga a épousé un chef d'orchestre. Une fois que ses deux enfants sont devenus grands, elle s'est prise de passion pour le bricolage. Fascinée par la diversité du monde floral, elle a commencé par fabriquer des objets très divers, dans un état d'esprit proche des meubles Art nouveau.

Dans le salon trône un tableau peint par son père. La toile, très allongée, représente en panoramique des rues sous la lumière du soleil couchant. Cinq immeubles en ombres chinoises se sont rapprochés comme s'ils étaient en train de bavarder. Ce carrefour est connu des Pétersbourgeois qui l'ont surnommé "cinq coins". Depuis toujours, les artistes et les écrivains ont eu un faible pour ce quartier et les personnages de Dostoïevski y ont élu domicile dans plusieurs romans.

Mais les personnages excentriques ne se trouvent pas que dans la littérature. Le père d'Olga, Iouri, possédait toutes les qualités romanesques en étant à la fois architecte, homme d'esprit, bon vivant. Olga se souvient : "Mon père connaissait la ville comme sa propre maison. Il faisait la gymnastique en face de l'Ermitage et se baignait dans la Neva de janvier à décembre. Il marchait sur la glace, les cheveux longs, les fourrures à portée de main, indispensables après la baignade. On aurait dit Zeus. Pour amuser ses amis, poètes et artistes, mon père fêtait son anniversaire le 7 novembre, le jour du grand défilé, anniversaire de la Révolution."
Iouri considérait sa ville natale comme un livre d'architecture à ciel ouvert. Construite sur une terre vierge en un laps de temps très court, Saint-Pétersbourg possède une unité de conception inconnue dans les autres capitales. "Pour créer une ville pareille, disait-il à ses disciples, il fallait que les meilleurs architectes européens viennent en Russie. Trezzini, Rossi, Quarenghi..., de jeunes talents qui fuyaient la pression des académies européennes et leur hiérarchie professionnelle. Débarqués au milieu des marécages russes, confrontés aux pires vicissitudes, ils se sont transcendés et ont forgé leur génie. Quant aux architectes russes, on sait que les plus doués provenaient souvent des domestiques. Ici, on les a autorisés à s'exprimer en liberté..."
Contrairement à l'époque des tsars, sous le régime soviétique, les architectes étaient soumis aux directives des apparatchiks, à l'esprit englué dans l'idéologie officielle. Iouri a assisté à la destruction impitoyable des églises qui étaient des chefs-d'œuvre d'architecture ou des monuments historiques de grande valeur[1]. Les amoureux de Saint-Pétersbourg vivaient ce vandalisme d'État comme une tragédie personnelle (par exemple Joseph Brodsky a consacré un de ses poèmes à l'église détruite). Le père d'Olga proposait avec obstination des projets farouchement romantiques : des ponts suspendus à la Piranèse, des pavillons gonflables pour les régions à forte activité sismique, des toits d'un kilomètre de long... Certaines de ses idées ont quitté les planches à dessin et ont été réalisées, malgré les interminables guéguerres avec les fonctionnaires.
Pour Iouri, le génie architectural allait de pair avec les qualités humaines. Ainsi, dans la structure des rues et des bâtiments qui font la gloire de Saint-Pétersbourg, il lisait la noblesse intérieure de ses concepteurs.

1. Par exemple, l'église de Rastrelli, place Sennaïa, qui se trouvait à l'emplacement de la bouche de métro actuelle. Ou encore la cathédrale de la place Troitzki, remplacée par le bâtiment du Bureau municipal d'architecture (ndlr).

Un jour, Olga a voulu encadrer le tableau de son père, mais elle avait de la peine à trouver un verre si allongé. L'encadreur lui a conseillé de s'adresser directement à l'atelier de vitraux. L'idée l'a intriguée : Olga avait toujours rêvé d'apprendre à faire des vitraux. Lors de sa visite à l'atelier, elle est restée enchantée par les effets du jeu de lumière sur les morceaux de verre coloré. Elle s'est fait engager en tant qu'apprentie avec un salaire qu'elle a trouvé honorable. Mais lorsqu'elle s'est rendue sur le lieu de son futur emploi, elle est restée bouche bée : il y avait cinq coins autour d'elle.

C'était un autre carrefour, mais chaque Pétersbourgeois sait qu'il est très rare de voir une telle configuration de cinq rues dans une ville planifiée à angle droit. Olga avoue que l'histoire lui paraît mystique. Tout cela s'est passé deux jours avant l'anniversaire de son père. Maintenant, Olga travaille comme maître en vitrail professionnel. Elle a trouvé sa vocation, tandis que le tableau de son père demeure sans vitre.

Le gigantesque mécanisme de l'horloge de la cathédrale Pierre-et-Paul.

8 6.3 / 2.1 LES GARDIENS DU TEMPS

Cet après-midi, un vent terrible balaie les rues pavées de la forteresse. Avec ses entrepôts, ses musées, son usine où l'on frappe encore la monnaie, ses canons, son église unique au monde et sa quinzaine de familles habitant encore dans une des maisons baroques, la forteresse Pierre-et-Paul constitue un petit monde en soi. À l'origine, il s'agissait du premier ensemble urbain, imaginé par Pierre le Grand comme une grande citadelle capable de résister aux éventuels assauts de son ennemi de l'époque, la Suède. Ironie de l'histoire, elle ne servit à repousser aucun envahisseur, mais devint une prison pour les ennemis intérieurs de l'empire qui au XIXe siècle réclamaient plus de démocratie.
Andreï et Alexandre ont leur atelier au fond d'un dédale de ruelles de la forteresse. L'endroit est jonché de pièces métalliques, d'outils de précision et de classeurs. Quelques habits chauds pendent au mur. Les deux artisans s'occupent depuis trois ans de l'objet le plus précieux de la forteresse, la grande horloge du clocher de l'église. En raison de sa silhouette baroque élancée, cette église est devenue le symbole de Saint-Pétersbourg. Conçue par Domenico Trezzini en 1718, elle est étroitement associée aux tsars. Après avoir servi aux membres de la famille impériale, elle est devenue la nécropole des tsars russes.

En longeant certains bâtiments dont la peinture jaune s'est écaillée depuis de nombreux hivers, on se dit que la forteresse aurait besoin d'une sérieuse restauration. Le coût global est estimé à 58 millions de dollars. Hélas, le budget fédéral alloué à cette tâche ne s'élève qu'à 86 millions de roubles, c'est-à-dire… à peine 3 millions de dollars. Et encore, pour obtenir ce chiffre, il aura fallu l'appui de Vladimir Poutine, originaire de Saint-Pétersbourg. Pour faire face à une telle situation, la seule solution est de recourir au système D. Précisément, Andreï et Alexandre sont des bricoleurs de génie.

Pourtant, leur première passion n'a rien à voir avec les horloges. Dans un album jeté dans un tiroir, ils conservent les photos de leurs vélomobiles. Ce fut leur grande passion : imaginer, dessiner et fabriquer un moyen de transport écologiquement propre. Ensemble, ils ont créé plus de cent modèles différents : vélomobiles ultrarapides sur pneumatiques pour la mer, démontables et VTT. Il y a eu aussi un vélo araignée destiné au théâtre de rue. Sur les roues arrière, les deux artisans avaient fixé des ailes de libellule qui s'ouvraient pendant la marche, et de petits tambours étaient fixés sur le côté.

Parfois, quand un visiteur ou un ami débarquent à l'atelier, Andreï tourne les pages de l'album de ses mains épaisses aux ongles noirs et cassés. Un des premiers vélomobiles ressemble à un OVNI. Le cycliste était couché tête la première au ras du sol, regardant la route dans un miroir ! Lorsque les cyclistes allemands ont vu cet appareil, ils se sont exclamés : "Die russische Kamikaze !" Pourtant, la configuration avait été réfléchie dans les moindres détails et l'ajustement soigneusement peaufiné. D'autres engins ont participé à des expositions à travers l'Union soviétique. La presse a interviewé les inventeurs. Puis il y a eu les courses de vélomobiles et la traversée de l'Union soviétique à la fin des années 1980. Alexandre a même participé à plusieurs "expéditions" internationales à travers la Biélorussie, la Pologne, la Scandinavie, les Pays-Bas. Les distances parcourues sont impressionnantes : entre 2 000 et 3 000 kilomètres… Mais comme dans tous les sports, on ne peut éviter les risques. Andreï a été victime d'une sortie de route. Suite à cet accident, il a été obligé d'arrêter le vélo. Le plus drôle, c'est que, à part les vélos de cirque, ils n'ont jamais vendu un seul modèle et ont encore moins réussi à commercialiser un prototype. À leur avis, il

est impossible d'imposer les vélomobiles ou même les vélos normaux aux habitants de Saint-Pétersbourg comme moyen de transport écologiquement propre. Dans un pays où tout le monde rêve de posséder une voiture, Andreï et Alexandre passent pour des doux dingues. Mais ils se fichent des on-dit. Après tout, des rêveurs comme eux ne sont-ils pas devenus les restaurateurs de l'horloge d'une des plus importantes églises de Saint-Pétersbourg ?
Alexandre s'habille avec soin. Cet après-midi, il doit se rendre au sommet du clocher. Il sort et marche à pas rapides. Le vent lui jette au visage des flocons fins comme du sucre en poudre. Il emprunte la ruelle perpendiculaire pour se diriger vers l'église. Il se souvient du jour où sa carrière professionnelle a bifurqué : "En 1991, on s'était dégoté un atelier sur le territoire de la forteresse, dans une ancienne salle utilisée comme cinéma soviétique. On fabriquait nos vélomobiles d'une façon un peu illégale, sans que l'administration de la forteresse soit au courant. Une fois, sur le chemin de la maison, j'ai vu un cycliste qui roulait le long du quai de la Neva fringué comme un perroquet, avec accessoires et tout. Je l'ai doublé pour l'embêter. Mon Dieu ! quelle rage il a piquée ! C'était un Français venu organiser un triathlon à Saint-Pétersbourg. Il était loin derrière moi, lorsque je l'ai entendu m'appeler. On a fait connaissance et il a avoué que son vélo n'avait pas supporté une telle course. Une pièce s'était cassée. Alors, je l'ai amené dans mon atelier pour une petite réparation. Il était accompagné d'une équipe de journalistes et ils ont fait un reportage sur moi. Et c'est comme ça que l'administration de la forteresse a appris ce qu'on faisait dans cet atelier. On a voulu nous chasser, mais nous les avons convaincus qu'on pourrait aussi faire de la restauration. Pourquoi les fabricants de vélos ne pourraient-ils pas devenir menuisiers ?"
Andreï a étudié la construction des moteurs d'avion ; Alexandre s'est spécialisé en hydraulique. Chacun est capable d'étudier un domaine technique à fond. Comprendre des mécanismes différents et travailler sur des matériaux nouveaux représentent pour eux un défi professionnel qu'ils relèvent avec entrain. L'administration les a donc mis à l'épreuve. Leur première restauration fut celle du mobilier de la première pharmacie de Saint-Pétersbourg, située sur la perspective Bolchoï, du côté de Petrogradskaïa. Les imposantes armoires du XVIIIe

siècle, en bois foncé richement décoré, étaient dans un état pitoyable. Andreï et Alexandre y ont consacré près de trois années de travail. Quant aux techniques de restauration, l'apprentissage s'est fait sur le tas, en suivant les précieux conseils d'amis restaurateurs.

Alexandre arrive sur le parvis de l'église. Malgré l'avis de tempête, les travaux de restauration sur la flèche continuent et on aperçoit de minuscules silhouettes grimpant le long des échafaudages, hissés à plus de cent mètres de hauteur. Ce sont des alpinistes qui collaborent avec l'entreprise d'hélicoptères Spark. Récemment, ils ont remplacé la figure de l'ange qui couronne la flèche de l'église. À ce propos, Alexandre connaît une anecdote historique : "À l'époque des tsars vivait un paysan nommé Telouchkine. Lorsque l'ange sur la flèche s'est incliné, il s'est proposé de monter le réparer. Cet ange pèse 250 kilogrammes ! Telouchkine

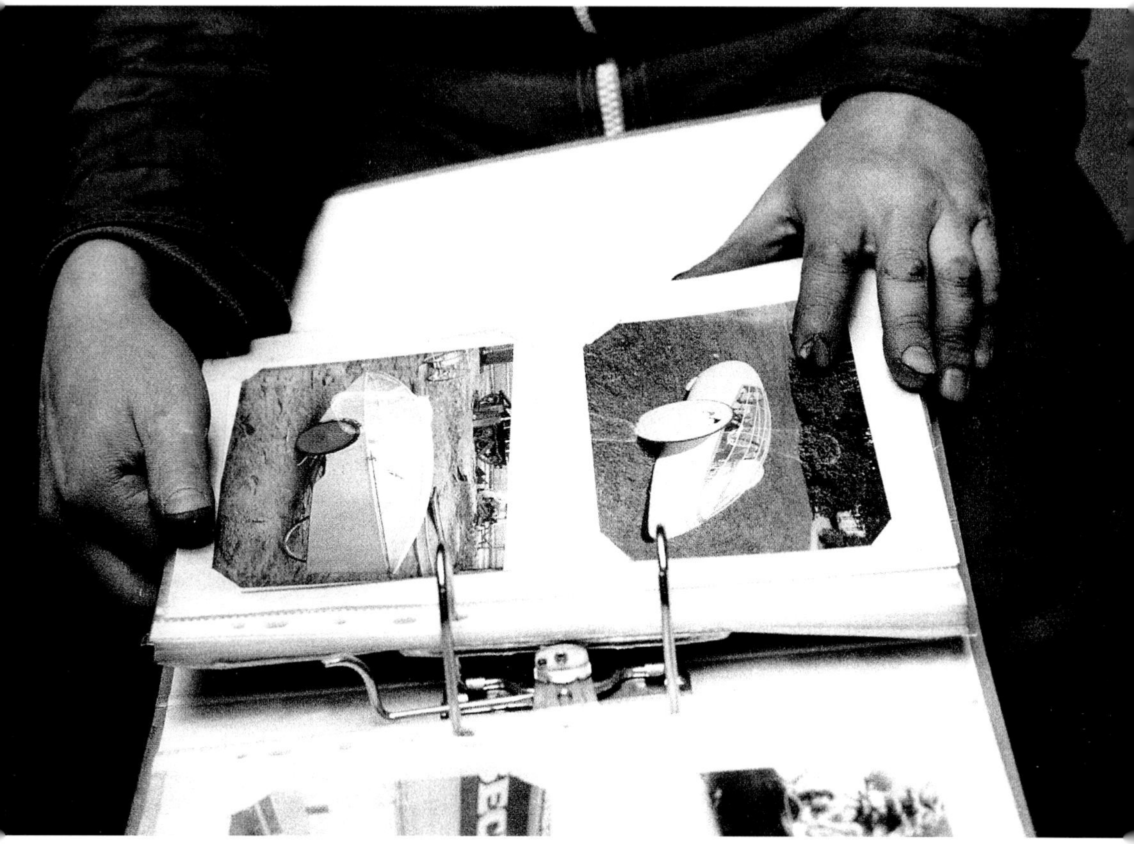

est monté et descendu en enroulant une corde autour de la flèche. Après avoir accompli sa mission, Telouchkine a bénéficié de 2 000 roubles d'argent et en plus il a eu droit à la liberté. À cette époque féodale, c'était une chose incroyable qu'un serviteur soit libéré... Deux ans plus tard, il est mort en buvant trop de vodka."
En trois siècles, ce fut la seule fois où un élément de la flèche a nécessité une intervention ! Quant à la structure générale, elle est maintenue par d'énormes tiges métalliques encastrées dans les murs en pierre. Au cas où la flèche tout entière pencherait, il serait possible de rétablir son équilibre à l'aide d'une gigantesque clé. Cette astuce de la construction est due au génie de l'architecte Trezzini. Mais la stabilité de la flèche est telle que la clé n'a jamais servi. "Comment les forgerons de l'époque ont-ils fabriqué des tiges si solides ?" se demande Alexandre. Personne ne le sait. Leur secret s'est perdu avec le temps.

Il monte dans la cage d'escalier du clocher. À elle seule, elle mesure 36 mètres de haut. À l'époque, sept ouvriers remontaient à la main les quatre contre-poids de 75 kilogrammes de l'horloge qui pendaient dans cette cage. L'opération était répétée quotidiennement afin d'assurer le fonctionnement du mécanisme, ainsi que le battement des coups. Dans la cage d'escalier loge également l'énorme cadre en bois retenant les contre-poids. Il a été fabriqué avec les pins utilisés pour les mâts de voiliers de l'époque de Pierre le Grand.

Alexandre arrive au niveau de la première plate-forme. Les cloches du premier carillon datant de 1757 y sont suspendues. Le carillon de 37 cloches a été commandé par Catherine II en Hollande. Après les ravages subis durant le régime soviétique, il n'en subsiste que quelques-unes seulement. Ce carillon historique aurait été perdu à jamais si le célèbre carillonneur belge Johasen n'avait pas réuni les fonds nécessaires à sa reconstruction.

Les 57 cloches du carillon actuel ont été fondues aux Pays-Bas en 2001. Lorsque les cloches sont arrivées à Saint-Pétersbourg, Andreï et Alexandre ont participé au montage dans le clocher. Le maître Johasen a l'intention d'ouvrir une école de carillon dans la forteresse. Les joueurs russes formés en Belgique pourront bientôt donner des concerts depuis le clocher le plus haut de Saint-Pétersbourg.

Alexandre reprend l'escalier sans même soupirer. Cette ascension, il l'a faite si souvent que ses jambes semblent avancer toutes seules. Sur la plate-forme suivante, un ensemble de cloches gigantesques défie la gravité. Les plus lourdes pèsent cinq tonnes.

"En 1917, raconte Alexandre, les cloches de Hollande ont été décrochées, victimes du nationalisme bolchevik. Seules les cloches russes étaient autorisées à jouer *L'Internationale* et l'hymne de l'Union soviétique !"

Aujourd'hui, les deux artisans ont rétabli les 137 cloches de l'église dans leur fonction originelle. Ainsi, ils ont préservé une disposition unique sur trois niveaux : le carillon réservé aux concerts, les cloches russes pour le travail manuel et enfin les anciennes cloches hollandaises, reliées directement au mécanisme d'horloge. Bientôt, ils joueront les chants traditionnels orthodoxes, interdits sous le communisme, dont le célèbre *Seigneur, garde le tsar*.

Enfin, Alexandre pénètre dans le saint des saints, la chambre abritant l'horloge.

Au centre trône un cube de deux mètres de côté composé de roues dentées, de tambours, de rouages complexes, de tiges et de pales se mettant en action tous les quarts d'heure. Ce mécanisme unique a été livré aux intempéries et à de nombreux dangers durant des siècles. Mais ni le gel, ni l'humidité, ni les dépôts d'huile, de poussières ou les incendies n'ont eu raison de lui. Pour le protéger un peu, Andreï et Alexandre ont entièrement aménagé les locaux et ont installé un chauffage électrique. Des efforts dignes d'Hercule nettoyant les écuries d'Augias. Le sourire en coin, Alexandre inspecte le tambour à musique, percé de 12 126 trous. Il connaît le nombre par cœur pour la simple et bonne raison qu'il les a nettoyés un par un... À côté de l'horloge, posées sur une table basse, des tenailles centenaires sont alignées. Elles n'ont pas de prix, tant leur qualité et leur précision sont uniques. Peu à peu, dans cette tour, on prend conscience que l'unité de mesure est le siècle...
Alexandre emprunte un dernier escalier métallique en colimaçon pour accéder à une autre chambrette et, là, il ouvre une trappe dans le plafond pour se retrouver dehors. Les ouvriers-alpinistes sur l'échafaudage sont pliés en deux par la force du vent. Il n'y a que les mouettes pour savoir que des êtres humains sont là.
Alexandre discute avec les ouvriers. Le boulot avance assez bien. Tout sera prêt pour le tricentenaire. Mais cet après-midi, c'est dur. Le froid vous scie les doigts. Le groupe décide de redescendre se réchauffer dans le local de l'horloge. Sans attendre, les ouvriers collent leurs paumes sur le radiateur électrique.
Tout à coup, le mécanisme se met à faire d'étranges bruits. L'horloge indique qu'un petit quart d'heure a passé. Mais dans cet endroit, les repères se brouillent. Il n'y a plus de minutes ou d'heures qui s'écoulent. On entend simplement la marche du Temps.
"L'horloge se comporte comme un organisme vivant, avoue Alexandre avec une voix solennelle. Elle est sensible à tout. Si une personne mauvaise pénètre dans les locaux, le mécanisme ne fonctionne pas bien. Et puis, on a l'impression que le temps s'écoule autrement ici, plus vite peut-être. Nous sommes au-dessus de la vie dans ce clocher. En compagnie de l'horloge..."

LES LIEUX VISITÉS

Le musée des Rêves du Dr Freud
Bolchoï prospekt 18a (quartier Petrogradskaïa).
Ouvert du mardi au dimanche de 12 heures à 17 heures.

Le brise-glace devenu musée
Quai du Leitenanta Schmidta 49.

Le cimetière de Smolensk
Sur l'île Basile. Métro : Vassiliéostrovskaïa ou Primorskaïa.
Entrée au 22 oulitsa Kamskaïa.

"Les îles" et le café-billard
Île Elagine. Métro : Tchiornaïa Riétchka puis cinq arrêts de tram à partir de la rue Savouchkina. Passer devant le temple bouddhiste et traverser le pont.

Cinq coins
Croisement de cinq rues dans le quartier Dostoïevski.
Métro : Vladimirskaïa ou Dostoïevskaïa.
oulitsa Rubinchteina, Lomonossova, Raziezjaia, Zagorodni prospekt.

L'église de la forteresse Pierre-et-Paul
Métro : Gorkovskaïa.

Le mémorial situé sur le terrain de la paroisse du père Viacheslav
Le village "Lesie" dans la région de Saint-Pétersbourg (à environ 45 kilomètres).
Des minibus à partir du métro Ribatzkoe en direction de la ville de Kirovsk.

Le marché Apraxine
Apraxine Dvor : entrée sous les arcades de la rue Sadovaïa, au niveau du numéro 30.
Métro : Sadovaïa ou Sennaïa Plochad.

SITE INTERNET

www.tstype.net/remont
Il existe également un site Internet créé par Philippe Dabasse proposant des déambulations dans Saint-Pétersbourg, ses cours intérieures, ses quais, site ponctué d'ambiances sonores.

ÉDITIONS AUTREMENT
www.autrement.com

Dépôt légal : 2e trimestre 2003
ISBN : 2-7467-0350-5
N° 138 – Avril 2003
Imprimé et broché en Belgique par Snoeck-Ducaju & Zoon
Photogravure : Color'Way